我俩孩子上北大

马国华 著

家庭教育的**实例**
孩子成长的**故事**

山西出版传媒集团
山西经济出版社

图书在版编目（CIP）数据

我俩孩子上北大 : 家庭教育的实例 : 孩子成长的故
事 / 马国华著 . -- 太原 : 山西经济出版社，2020.4（2022.1重印）
ISBN 978-7-5577-0640-1

Ⅰ . ①我… Ⅱ . ①马… Ⅲ . ①家庭教育 Ⅳ . ① G78

中国版本图书馆 CIP 数据核字 (2020) 第 025454 号

我俩孩子上北大——家庭教育的实例：孩子成长的故事

著　　者：	马国华
责任编辑：	梁灵均
装帧设计：	梁灵均
出 版 者：	山西出版传媒集团·山西经济出版社
社　　址：	太原市建设南路 21 号
邮　　编：	030012
电　　话：	0351-4922133（市场部）
	0351-4922085（总编室）
E-mail：	scb@sxjjcb.com（市场部）
	zbs@sxjjcb.com（总编室）
网　　址：	www.sxjjcb.com
经 销 者：	山西出版传媒集团·山西经济出版社
承 印 厂：	三河市明华印务有限公司
开　　本：	787mm×1092mm　　1/16
印　　张：	18.75
字　　数：	260 千字
版　　次：	2020 年 4 月　第 1 版
印　　次：	2022 年 1 月　第 2 次印刷
书　　号：	ISBN 978-7-5577-0640-1
定　　价：	59.00 元

孩子的成长是快乐的，但不是随心所欲的。

教育的过程是复杂的，但不是没有规律的。

必须符合孩子成长的生理、心理特点，识其特性，顺其成长；必须遵循教育本身的规律，因材施教，循序渐进。

——题记

内容概要

本书围绕家庭教育这个主题，联系我家两个孩子学习成长不同阶段的特征，讲述我们陪伴孩子成长的历程；记录了我们 20 年来，如何教育引导孩子乐观向上、积极进取，先后步入北京大学求学的过程。

全书主要讲述了 40 个真实有趣的家教故事，像 40 颗珍珠一样，串起了两个孩子幼儿园、小学、初中、高中四个阶段成长的经历，同时穿插了我们如何引导和鼓励孩子们，克服困难、快乐学习、健康成长的一些做法和心得体会。

书中还以"附录"为载体，对每个阶段进行认真归纳、梳理，力求抓住阶段性问题的重点予以剖析，尝试从理论与实践相结合的角度，提炼出促进孩子学习成长的讨论性家教策略。最后，以对家庭教育的一些思考，对孩子成长的一些启示，做了自我见解、反思、总结和探讨性理论思考。

聊聊孩子成长的那些事

（代序）

要不要写这本书，怎样写这本书，我内心纠结了几年，挣扎了许久。

现在总算平静下来了。其实，不就是一本小书么，用得着这么伤脑筋吗？现在这种事情太平常了！有些同志奋斗一生，退休后有了闲工夫，就提笔展纸，把自己一辈子有精神、有意义、值得纪念的故事，动情地记录下来，再配以有纪念意义的照片，就成了一本简易的自传。一来总结自己，聊以慰藉；二来留给子女，传之后代，这也是件富有正能量的事情。

但我这本书不是自传。

而是陪伴孩子成长的经历，是叙述我们20年来，如何影响、引导、培育两个孩子乐观向上、健康成长，进而养成良好的人生观、价值观、发展观的成长过程，并先后步入北京大学求学的故事。

我的女儿马菲菲，1987年7月生，2005年高考以山西省晋城一中理科第一名成绩考入北大环境学院；2009年推荐免试录取为北大研究生，获取经济硕士学位后又于2011年通过国家公务员考试，进入国家某部单位工作。

我的儿子马笑天，1996年7月生，2014年高考以山西省晋城一中理科裸分第四名成绩考入中国人民大学商学院；2018年推荐免试录取为北大研究生，现在攻读金融硕士学位。

两个孩子走到今天这一步，先后经历了漫长而艰辛的求学岁月，

1

有过成功的喜悦，也有过挫败的失落，可谓酸甜苦辣五味杂陈。遇到坎坷受到挫折时，愁苦、失望，甚至不乏眼泪；获得成绩取得进步时，兴奋、愉悦，甚至喜不自胜。就这样喜忧交织、顺逆相伴、成败相依，一步一步走到了现在。

这是个有如登山一样不断向上攀爬的过程。

作为父亲、母亲，我们夫妻和大家一样，也曾在望子成龙的狭路上挣扎过。一路艰辛、一路坎坷、一路忧愁、一路焦虑，甚至因孩子学习成绩不佳而愁眉紧锁、忧心忡忡。从幼儿园、小学、初中到高中，姐弟俩长长二十来年光景，孩子的每一年、每学期、每一周，甚至每一天、每一门作业、每一次考试，无一不牵动我们的神经。每一次进步，咱高兴；每一次滑坡，咱颓丧。但为了儿女，我们和大家一样，无怨无悔，爱子心无尽，可怜天下父母心！

这是一段让人刻骨铭心的奋斗历程。我想，若能较为详细、全面地还原这一过程，尽可能将我们培养教育子女的一些做法和心得记录下来，留下孩子青葱岁月成长的足迹，也算是对他们又尽了一份责任吧。同时，聊聊孩子成长的那些事，与渴望子女成才的父母、家长进行交流探讨，相互学习，以期在孩子成长的路上有所共识，让更多的孩子享受学习的快乐、获得成长的助力，使其走得平稳、正确和有效，也许更有价值。这就是我写本书的初衷。

然而，就在着手开始写作时，我的心里依旧怀着不安和顾虑。

首先，我顾虑的是，我讲的故事和我教育孩子的做法、观点等，会不会有不同的看法，甚至误解和反感。毕竟，相当多的孩子，还是上不了"985"或现在的"双一流"之类的重点大学，能够考入北大清华的更是少之又少，而家长期望值又普遍较高，无意之中就会形成鲜明对比。我最担心、也最不愿看到的是：我在讲自己孩子如何学习成长、自己教育孩子如何顺利的时候，可能无意之中会伤害到某些学生和家长的自尊心。

　　其次呢，我怕有显摆的嫌疑。虽然我和我的家人十分明白，家里出了两个北大生，其实真的没有什么了不起，在全国也绝不是个例，两个硕士生，更是不足为奇。像中央电视台《挑战不可能》节目曾有一期，一个叫李昌钰的人，兄弟姐妹 13 人，全部攻读了博士学位。相比之下，我们家又何足挂齿？平平常常，普普通通，又有什么可写，有什么可聊的呢？

　　但是，理性地讲，要说两个孩子先后上北大、读研，我们一点不激动、不兴奋，那也是假话，或者说是一种虚伪。北京大学毕竟是全国顶尖、世界名校，是莘莘学子向往的巍巍学府。近几年，北大（本部）理科每年在山西的高考统招生仅有 19 个名额，考上北大之难不言而喻。可我们家两个孩子都能跨入北大求学读书，肯定是一件高兴的事情。所以，那些时光我和老伴儿，内心的确增添了不少的喜悦与激动，因为，我们 20 年来的辛苦和执着，终于有了一份不错的回报。看到孩子们有点出息，真是我们做爹妈最大的快乐呀！

　　自从孩子们上了研究生以后，我们一下子轻松了许多，自以为大功告成，不需要为子女操心了，也没有什么放不下的事了。但时间不长，我又陷入了深深的不安。这么多年来，隔三岔五地有人问我：孩子们都是一样的学校、一样的老师、一样的课本，家长们都是十分操心、十分着急、十分期盼，你家两个孩子的学习为什么都那么优秀？甚至有人登门取"经"，询问我们考上北大有什么"绝招"，讲一讲也让大家受点启发！

　　"绝招"绝对没有，方法也许有点。

　　于是，又唤起了我写书的念头。

　　我知道做这件事很难，但也很有意义。感到一种前所未有的新的压力，无可推卸的责任。俩孩子上北大，给我带来了快乐，却也带来了一种无法用言语说清的情绪与心情。

　　如果我能把陪伴孩子那段峥嵘岁月、那些忙碌而快乐的日子真实地记录下来，就可以作为一份特殊的财富留给儿女。也许若干年后，他们会从中领悟人生、珍惜当下，并且在自己子女的身上借鉴其中的有益经验，去认真用心地培养下一代；也许等他们老了，坐在藤椅上，偶尔翻翻这本书，回忆自己奋斗成长的青春年少岁月，会别有一番感慨。或许这本书会对邻居、亲友抑或更多望子成龙的人们提供一点帮助？谁知道呢！各种憧憬，更进一步激发了我想写的冲动。

　　那么，我究竟怎样写这本书呢？

　　总体上，我想用大白话、讲故事这种形式，以我两个孩子为主角，把他们从幼儿园、小学、初中、高中四个阶段学习、成长的历程，分别以四十个故事呈现出来，力求通俗、生动、有趣、有益。

　　在内容上，围绕每一个故事，再穿插一些我们在培养、教育孩子过程中，鼓励引导其克服困难、快乐学习、健康成长的做法和体会，以期与家长朋友们交流学习，抛砖引玉，取长补短，提供参考借鉴。

　　我也十分清楚，培养孩子是个系统工程，涉及家庭、学校、父母、老师、同学以及社会环境、人际关系等方方面面，任何一个环节出现缺失或偏颇，都会直接影响到孩子的学习成长。所以，我的做法或许只对我的孩子有效，我的经验也许只适用于我的家庭，恐怕不能照搬、不能复制。但我的心是真诚的，真诚是最好的礼物！

　　我用真诚写下这本《我俩孩子上北大》。

　　如果这本书能对一些家庭产生某种借鉴和启发作用的话，我想应是得益于四方面的原因：一是我在山西大学教育系上学时，较为系统地学习了包括家庭教育在内的教育理论知识，使我有了一定的理论基础，便于从理论高度去认识、去指导家教实践。二是我当过教师、从事过教育行政和教育管理工作，有一定的主抓学校教育的实践经验，便于把家庭教育和学校教育很好地对接整合，产生合力效应。三是有母爱在家庭教育中起着不可或缺的作用。妻子李爱萍，太原卫校毕业，长期在县医院妇产科工作，她善良正直、任劳任怨，对孩子总是默默付出、言传身教，和风细雨般地影响着孩子，给孩子们的学习、生活营造了一个良好的家庭氛围。同时，她对孩子的言谈举止、内心情绪有一种天生般的敏感，善于捕捉孩子身上任何细微的变化，和孩子有天然的心灵感应。从她身上，我更多地感受到传统家教的精华力量。四是父辈的家教理念，尽管现在想想，只上过三个冬季私塾的父亲对教育也有所渴求，但却是那样朴素、原始，甚至有点封建落后，而母亲压根没念过书，只是个地道的家庭主妇，一字不识。然而他们对教育的作用却有着独到的理解，对子女受教育的重视程度丝毫不亚于现在的家长，而且始终不惜代价供我们读书，身体力行督促和帮助我们学习知识、修炼品德，为我们提供了一个初始的家庭教育模式，直接影响了我早期家教观念的形成。这方面的内容我把它作为一章，予以叙述。抚今追昔，我们全家都无比怀念我的二老双亲，无比感激他们为我们这个家族创立的重教传统和良好家风！

　　啰啰唆唆写下这么多话，主要是想说明我写这本书前前后后的心路历程，只求读者朋友能够理解我的良苦用心，增进共识，减少误解；如若这本小书，能发挥出应有的价值，为我们的家教事业增添些许正能量，便算是得偿所愿，足矣！

——著者

目　录

第一章

家教的传承

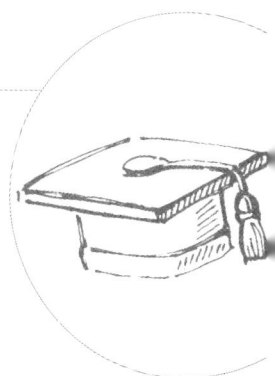

1 父亲家教的理念

写下这行字，就觉得这个题目有点大了。

其实，也谈不上什么理念，只是对家教的一种渴求和朴素的想法。是对我们兄弟姐妹成长的一种期冀，只能姑且算是家教的唤醒或觉悟吧。如果说，我的家族有家教理念传统的话，也仅是从我父亲开始的。

对于世代劳作在一个偏僻山村的我的父辈们，连吃饱肚子都是一个永远的难题，饥寒交迫成为永远摆不脱的噩梦时，是不可能产生科学的教育理念，也不可能形成牢固的教育传统的。他们是一群可怜如蚂蚁一样的人，日复一日在不怎么长庄稼却总是收获苦难的几亩薄地里刨食。汗流尽了，腰累弯了，日子却永远也过不好，永远看不到希望，永远在贫困中挣扎。如斯环境，所谓"诗书传家久""耕读日月长"的理想境遇，跟他们八竿子打不着。

黑暗的日子实在太久太久了。

灿烂的教育阳光似乎永远照射不到广大的穷苦人民身上。

更照射不到太行山脉西南沿边角落这个名叫车道村的小小山庄。

父亲在这个小山庄度过了他的青少年时期。

然而，生活可以把腰压垮，却不能掐灭希望。事实上，即便在最落后的地区，人们对教育的渴求和希冀，从来如同春草一样生机勃勃，生生不灭。

中国传统文化的力量实在太强大了。

"天子重英豪,文章教尔曹。万般皆下品,唯有读书高。"这类的歌,在广袤的大地传唱了千年之久,在人心深处扎根。

而传承千年的科举考试,又那么明确地告诉人们:"书中自有千钟粟,书中自有黄金屋,书中自有颜如玉,书中车马多如簇。""男儿欲遂平生志,五经勤向窗前读。"

读书吧,读书可以做官。

读书吧,读书可以拥有一切。

这是一剂毒药,灌进人心深处,使千千万万群众迷失,对这当时人间唯一可以改变人生的出路坚信不疑。虽然,这只是一个色彩斑斓的肥皂泡。

而这,恰恰是那漫长落后时代的教育理念的基础模型。

如一把锋利的刀刃切入冷酷的现实。

可以说,我的父辈如果有什么粗浅教育理念的话,也只能是从这一模型脱胎而来,但不可能具备高度理性,也许,他们对于"读书做官"是相信的,但不敢抱幻想。因为,生计太难,有时连清汤寡水的饭食也供应不上,如果旱涝不断,再加兵荒马乱,那就要去讨饭,谁还有心思抱着"四书五经"坐在窗前苦读呢!

生存才是硬道理。

在当时的广大乡野山村,一般老百姓对教育的最饱满也是最实际的希望,是孩子多认几个字,学会记账,再要会打算盘,能到货铺当个伙计,就很不错了。

这应该算是当时穷苦百姓读书所追求的目标吧。

我想,我的父辈也不例外,也只能形成这样一种教育理念,并由此传承。

这种理念和传承，随时代变迁而略有修改。

2　父亲是庄里的小文化人

我的祖籍是山西沁水县柿庄镇车道村。1942 年 5 月，我爷爷带全家逃荒到安泽避难求生。1944 年 10 月，从安泽返回落居张村安家，也属柿庄镇。

在我眼里，故乡张村永远是美丽的。

这个有五六十户人家，两百左右人口，三百多亩土地的小山庄，坐落在一面山坡上。西、南两条小河，在庄边西南角交合为一，向西流去。终年水流潺潺，用她清澈而亮晶的乳液，滋养着这里世世代代的庄稼人，鼓励他们鼓起生活的勇气，也目睹村人的悲欢离合与那更多是不幸与苦难的岁月沧桑。在庄后山坡上，绿树掩映，闪出成片的灰色屋瓦，和那简陋的门窗以及爬着狗尾巴草的篱笆墙。跨过西、南两条小河，向南、向西就是开阔的田地了，虽然只是一些薄土，玉米、谷子也长得格外旺壮，遇到风调雨顺年，也能有个好收成。再加上南瓜白菜萝卜的补充，"糠菜半年粮"，那就是个好年景了。向南望去，大南沟、小南沟、东岭山、小岭山、鳖盖岭山，山势奔腾，沟壑幽深，山岭起伏，墨绿的松树林如一堵长长的大墙，每当秋风乍起，那呼啸的松涛吹起来，一阵阵如口哨一般的涛声抚慰着人们枯寂的心灵。

有公鸡催促家户早起劳作。

有狗儿报告匪警贼讯兵情。

有老牛劳作帮忙种瓜点豆。

如果不发生水涝旱害，不闹兵荒马乱，张村人的日月基本上还是安稳的、恬静的，比较令人满意的。

特别是春天到来，漫山遍野桃红梨白，油菜花儿也开了，整个儿一个张村就泡在一片鲜黄、桃红、梨白的花海中。庄边河水流淌得欢实，更加地清亮了，甚至石头缝子里有小鱼儿快乐地游嬉。夏天跟着来了时，播种开始，张村就进入了一年四季最繁忙的时候，男女老少，牵牛赶驴，兴冲冲闯进歇了一冬天的土地，将粒粒种子连同希望，一起播进田垄。老天不负出力人，他们的每一颗汗珠都会变成饱满的粮食。想到这些，或就张开喉咙唱起豪迈的山歌。果然，一晃就立了秋，收获的季节到了，累死累活了一年，晒了一年，风吹了一年，瘦了黑了的男人女人扬着镰刀，将一片片玉米林子瞬间放倒，掰下硕大棒子丢进筐，然后一肩挑起，迈着轻快的步子奔向自家的小院。秋天之于农人，是真正的过年。而冬天，有时来得早，有时来得晚，总是悄没声儿地把一场大雪撒下来，铺了天，盖了地，整个儿世界就银装素裹，变得纯洁宁静安然恬淡，宛若天堂。

好美啊，张村，我的故乡。

这里的每一个季节，每一个月，甚至每一天，都是一幅美丽的水墨画。

张村，交通也十分便利呢！往东，翻过山，就是高平。往北，一条山路连接长子县，这路可以走马车。再向西北，就进入了安泽，这地方大山环抱，盆地润湿，气候温煦，历史上极少闹灾荒，即使有个别大旱大涝，也总能有几成收成，是个饿不死人的好地方。

然而，风景再美，不能当饭吃。张村的家户都是苦人，记忆中的好日子实在不多。

上溯 100 年，我的祖籍车道村和后来的张村，几代人正跟那个风雨如晦的时代，一同经历中国历史上最残酷、最冷血、也最动荡不安的风云巨变。推翻帝制，倡议共和，以"辛亥革命"为标志的中国近代政治大改革不幸夭折，民主没有建成，专制名亡实存。军阀混战，豪强逞霸，刀光剑影，血雨腥风。跟着，日军杀进来，先占东北，后掠华北，淞沪大会战，南京大屠杀……一片混乱。大地动荡不安，山河破碎不堪。

我家乡的乡亲们自然也不能幸免。

那时候，人人整天提心吊胆，东躲西藏，哪里还顾得上去想上学读书受教育？

所以，我的祖父一辈人都是文盲，一字不识。

但我父亲算是幸运的，他上了三个冬季的私塾，识了不少字，算盘加加减减打得滑溜，也算是当时庄上小有文化的一位人物。

3　父亲正视家庭教育

有关我的祖父，我所知不多，但他绝对是一个硬汉。让我们家族记住并感激的，正是这位一辈子务农、据说是个身强力壮的庄稼汉。在大灾袭来全家生计陷入绝境，眼看就要饿死的关头，他毅然挑起一对箩筐，担了年龄最小的儿女，带领全家踏上了逃荒之路。先向北，再折西，翻过崇山峻岭，渡过滔滔沁河，终于进入安泽县，在一个约有百十口人的村庄安顿下来。

是他老人家挽救了我们这一家族。

这场大灾发生在 1942 年。

冯小刚电影《1942》再现了当时部分情况。

相关文载，1938 年 5 月，蒋介石为了阻止日军西进，下令炸毁黄河花园口大坝，黄河因此改道，造成大面积黄泛区，大批民众流离失所，死亡惨重。更可怕的一个后果是，这一事件直接引发 1942 年春河南大旱，灾后又发蝗灾，导致了震惊世界的大饥馑。

这场大灾也波及毗邻河南的晋东南地区。

父亲回忆当年，大灾开始后，先是大批河南灾民蜂拥而至，一路上吃光了树皮，挖光了草根，眼看所经地方夏粮绝收，当地老百姓也没饭可吃，只好卖儿鬻女，实在卖不掉，那就干脆丢在村边或庙里，自顾自逃命去了。那阵子，到处可见饿死的人，或歪歪倒倒快死的人，活着的亲人连哭也不哭了……

民不聊生，饿殍遍野！

也许我的父辈们不知道这两句古老成语，但切切实实在那个倒霉年代亲眼看到了这一幕幕人间惨状。

这种时候，谁还能想着上学，想那读书？

教育从来就是经济的附属。

当人民的生存权不能保证，温饱问题得不到起码的解决，这时候谈教育就很扯淡了。

祖父带领全家在张村落户安家，正是 1944 年 10 月。

这时，沁水已经解放，土地改革也如火如荼，人民欢欣鼓舞，唱着歌儿迎接新中国的到来。

伟大的土地改革掀翻了旧世界。中国农民开始了新生活。

这次土改，我们家分了两亩（1 亩 ≈ 667 平方米）地，两间房，父亲还举债在店则院买了一间半西房，在南坪上和底弯两处买了一亩土地。我们马家今非昔比，过得一天比一天舒心，一年比一年红火。

中华人民共和国成立，百废待兴。人民政府大兴教育，重开民智。

这时，祖父已老迈，年富力强的父亲接过了担子，成为全家的顶梁柱。可以说，只有在这时候，苦了小半辈子的这个庄稼汉子才开始审视自己及全家过去生活的不幸经历，寻找原因，吸取教训，第一次真正地正视孩子的教育，逐步有了粗浅的家教理念。

而这理念依旧可怜巴巴，夹着旧时代的小尾巴。

4 父亲家教的口头禅

家教的理念，在父亲的口头禅中，完全地表露出来。

我的父亲马保珠，生于 1916 年 2 月，1941 年与柿庄镇史家村史姓女子结婚，即我的母亲史王女，先后生下五个孩子，三女二男，即我和一哥两姐一妹，组成一个不算小的家庭。

其实我父亲不是纯粹农民，一辈子亦工亦商亦农。

父亲 11 岁开始放羊，15 岁就学会了一门手艺——擀毡。

毡这种商品，纯羊毛制成，隔潮、保温、柔软，现在已不多见，除了新疆、内蒙古可能还有生产，市场上已不大能买到。在旧社会，农村人晚上睡觉能在烧热的土炕上铺一张毡，这就是家户殷实的象征，或者说起码这家人过得还是有些办法的。

毡是目前人类历史记载中最古老的非编织性织品，距今至少2000多年的历史。它利用羊毛上的纤维遇到热水时张开竖起，经过外力的挤压、搓捣，相互纠结，且紧密地收缩黏合在一起制作而成。因此，手工羊毛毡制作工艺十分繁杂，要经过弹、铺、洗等多个环节。

首先，是选择收来的羊毛，择出黑羊毛及不干净的杂毛，挑选出头等羊毛做面子，二等羊毛放里子，三等羊毛及杂毛夹在中间，然后用绳子绕过屋椽把大大的弹弓悬起，弓下放上备好的生羊毛，擀毡人胳膊套上拨子，使劲拉动牛皮弓弦，把羊毛一遍遍地用柳条弹打到柔软。等到满屋子的尘土和毛絮落定，羊毛里的脏东西也就差不多干净了。弹干净之后进入铺毛阶段，先将弹好的羊毛均匀地铺在竹帘上，先铺头等毛，再铺三等毛，最后铺二等毛，铺一层毛刷刮一层面浆。铺毛时要不停地洒水，水不能洒得太湿，也不能太干，要掌握好干湿度，用工具把羊毛打理平整，然后卷起竹帘，用绳子捆紧浇上热水，踩于脚下两头来回滚动。一般需要两个人，大概滚动一个小时。直到羊毛充分黏合后，拉展四角，再压边子，薄厚不均的地方要精心再加工。此后，将初成的毡第二次放入竹帘，再来回滚动半小时左右，这时要洒开水，再拉展铺在木板上反复清洗，大概需洗三个小时，每一小时放一次大水，就是直接用水桶全部浇透，目的是彻底将羊毛里的杂质冲洗干净，也就结实了。最后，用尺子将毡边弄齐，这道工序即揉弄毡边，最为讲究，是个技术活，只能用手揉齐，末了用钩子按尺寸拉展四角，再用水冲一下，挂在椽子上晒干，如此一条毛毡才算做成。

父亲究竟是怎样学会这门手艺的呢？他没说过。

我推测，少年时的父亲是在"春夏放羊，冬天上学"中度过的，日复一日，年复一年，在对羊的习性、价值不断了解、揣摩过程中，他理解了羊毛的意义。可能也经过投师学习，并靠着自己钻研实践，终于成为当时柿庄甚至端氏一带稍有名气的毡匠。这手艺在逃荒安泽的岁月里，他也没放弃，背着一张大弹弓走庄串户，甩出一路汗水和辛苦，赚得一点点小钱贴补家用。

擀毡最损害的是肺，因为始终都在高密度粉尘环境劳作，得硅肺是逃不掉的。但我父亲似乎身体强壮，到老也没见他肺出毛病。

父亲毡匠事业的辉煌或说顶峰，出现在沁水刚解放不久，那时他跑到端氏开了一个毡坊（当时这样叫），集收毛、制毡、销售于一体。他既是掌柜的，又是经纪人、会计、采购、推销员。开张不久，郑庄以东的羊毛就让我父亲收购了大部分！可见毡坊规模还行，生意挺红火。当时端氏是沁水东部商贸重镇，十分繁华。有次我姐去看父亲，回来找不到路，急哭了，说是地方大人又多，迷路了。毡坊占着几间门面房，雇了十几个伙计。我父亲不抠，爱惜伙计，伙计们待遇也还行。和气生财——也许父亲很早就明白这一经营之道的真谛，所以才把个小毡坊干得有声有色。"那时咱挣了不少钱！"如果照此干下去，父亲的事业可能会越做越大，甚至成为一个小企业家。但因1956年改造工商企业，公私合营，1957年父亲只得告别端氏，返回家乡务农。

父亲一生勤劳手巧，是个爱琢磨事情的人。虽一生坎坷，命途多舛，在饥寒交迫中摸爬滚打，吃尽了苦头，尝遍了辛酸，是混了一辈子的卑微草民，但不等于没有思想，没有对人生进行独立的思考。他种地，日出而作，日落而息，一年到头趴在地里，腰快累折了，却大部分日月吃不饱肚子。他拼手艺、拼力气，在满是灰尘的作坊操弄一堆羊毛，连个口罩也省下，累得人不像人鬼不像鬼，也只能挣几个小钱。老百姓梦寐以求的置房买地，一样也没办到。但是，他亦工亦商，满世界收毛卖毡，跑了太多地方，见了更多人和事，可谓是经风雨，见世面，加上三个冬季私塾教育兜底，使他识得不少字，具备了一点儿文化。恰恰是这么一点儿文化，使他比一般庄稼人站得稍高，在伴随一生的苦难、艰辛、血泪、挣扎中不断思索，得出一个结论：种地也好，擀毡也罢，只能是苟且生活的小伎俩。要想把日子过得有滋有味，不愁钱，不缺粮，更不少夏单冬棉，那就必须混出个好前程。怎么混？上学读书。他把更多的希望寄托在孩子身上。

在张村，我父亲的想法是较为清晰超前的，对文化和教育生出了极端的重视，鼓励我们兄弟姐妹好好做人，好好读书学习上进，并留下了一系列特色的家教口头禅。

在我记忆里，父亲最具艺术色彩的教育"格言"是一首诗：

> 从小读书不用功，
>
> 不知书中有黄金。
>
> 早知书中有黄金，
>
> 高点明烛下苦心。

此外一些口头禅，就紧密与现实相扣，显得粗糙了。

"你不好好念书，会睁着眼掉沟里去！"

"好好学算盘！学会三遍三，赶上毛驴敢出山。学会九遍九，能把天下走。"

"多少用些功！毕业了能到端氏混个差事，就很好。"

"体质软弱，种不了地。念点书，供销社当个营业员，多轻松！"

"念书要有窍，眼过十遍不如手过一遍。"

"不能偷，不能抢，不能干坏事。"

"小错不改，长大变坏。"

"不听大人话，做事没把握。"

有天傍晚，屋里光线暗，我拾了小板凳来门口看书，父亲下地回来看见，当即呵斥："回去，看书不是摆样子！"他不主张把读书当成显摆，自炫不好，要踏踏实实读书。

有一次，母亲碾米，推碾子是个累活计，招呼我哥搭把手，却被父亲喝止："不要让孩子干，他考初中比这要紧！"当时哥哥备考初中，理想是端氏初中。

我入小学学写毛笔字时，是父亲长满老茧的手，手把手教会了我执笔方法。他没有说什么"五字"执笔法，即撅、押、钩、格、抵五字法。后来才知道他传教我执笔的方法正是"五字执笔法"。他当时说过一些要领，如手心空、手指实、手掌竖、笔杆直（垂直于纸）等，也切中了执笔要点。一个老农会像文人一样熟谙书写执笔技法，真无法想象父亲是怎样学会并领悟这种技法的。

珠算指法，也是父亲教会我的，与老师教的完全一致。

如此这般，点点滴滴，为了我们兄弟姐妹的学业，父亲真正做到了事无巨细，关心备至。他没有太大的想法，更不敢望子成龙，而只是想让孩子多认些字，把路走好，不至于掉到沟里。

我可怜的父亲，悲苦生存没有把他压垮，却也把心智磨得有些麻木。斯世斯生，使他根本不可能对生活寄予更多奢望，产生什么雄心壮志，对于培养孩子上学读书的最高目的，也只是当个供销社营业员。

我父亲能够形成的这一点儿教育理念，无不源于生活，源于实际，代表了那个年代老百姓寄于教育的现实理想。

而我们兄弟姐妹五人，也算是实现了父亲的愿望。读书吧，不能辜负父亲的期望。其中，我哥哥用功上进，考了端氏初中，读了高中，后来，上了个晋城师范，从事中小学教学直至退休。我大姐念了初中，参加过"四清借干"，后来落实政策，也有了一份稳当的工作，干到退休。二姐小学，小妹高中毕业，过着清幽安逸的田园农家生活。

我，走进了县城，从事了行政工作。

5　我的经历

背着父亲灌输的这些沉甸甸的道理和鼓励，幼小的我很早就产生了想法，长大了去当供销社营业员，于是，开始好好读书。

我生于 1960 年 9 月。

1960 年是老辈人记忆里的一个凶年。这一年，"大跃进"运动刚刚偃旗息鼓，但其破坏力仍在延续。

> 种个南瓜像地球，架在五岳山上头。
>
> 把它扔进太平洋，地球又多一个洲。
>
> 一头肥猪大又长，猪身横跨太平洋
>
> 猪背可以降飞机，猪身成了飞机场。
>
> ……

这首曾经轰动全国的"诗歌"，足见当年的浮夸程度。

更有"大跃进"时期《人民日报》曾公然报道："湖北麻城建国一社早稻亩产三万六千九百多斤。"

这是整个大跃进运动中宣布的中国粮食亩产最高纪录。可见"大跃进"时期浮夸风严重到何种程度。

也许是天人感应吧，1960 年天象反常，入了春小旱接着大旱，夏粮基本绝收，秋庄稼根本不长。"三年经济困难"由此进入深度恐慌。

我在这样的时间出生，注定了起步艰难，流年不祥。

而我开始上学时，又赶上一场史无前例的社会大动乱。

1966 年大学招生废止，高教崩溃。

我是 1967 年进张村小学读书的。

跟着农村中小学教育也被掀翻，整个现存教育体制被打得稀巴烂。教学内容走向极端的政治化、单一化。当时，小学开设五门课，政治、语文、算术、革命文艺、劳动。据说，中学也是五门，毛泽东思想教育、农业基础、文革文艺、军事体育、劳动。

一次次停课闹革命，荒废了学生学业，教学质量严重下滑。

父亲提醒，不管学校乱成啥，有书念就好。你们必须做到：不打、不抢、不偷、不停止学习，好好读书才是老本。

我很幸运，在我小学时，毛主席他老人家已下令"复课闹革命"，学校秩序有所恢复，教学内容也加强了文化知识。但我记得，上一年级第一堂语文，第一课内容是"毛主席万岁"，首先学会的三个字是"毛主席"。

万事万物，自有规律。不管当时多乱，传承几千年的中国教育根基深厚，一场狂潮难以动摇教育科学的本质。

1、2、3、4 如何突出政治？加减乘除怎样与阶级斗争挂钩？

公式就是公式，定理就是定理，祖冲之的圆周率和"斗私批修"没关系；牛顿发现苹果从树上掉下来思考的是地球引力，而不是苹果是红是绿。所以，尽管学校也经常停课闹革命，请贫下中农讲村史、讲革命史，教学内容也一再鼓吹"阶级斗争"，但文化灌输、知识传导依旧占据着学校教育的主线。

因此，我在张村小学读书时期，还是学到了不少的基础知识。尤其数学一门，我兴趣浓厚，学得较轻松。当时，有上课，有劳动，有老党员讲革命史，有学"毛选"先进分子讲学习体会等等，无论如何，我没有放松学习。算术课的小数、分数，珠算加减乘除，我都学会了。语文课的字基本都认识，也背了不少毛主席语录，看了很多小人书，每次考试成绩还是满意的，名次也很靠前。

小学毕业，接着上了初中。

初中是按片划分上学的，开始划分到了史家七年制的学校，在那里上了一个多月，在史家上学就住在我大舅家。不知什么原因又划拨到了柿庄中学，随即我又到柿庄中学读初中，一直到初中毕业。上高中，不考试，是贫下中农推荐，我没有被推荐上。原因嘛，很简单，因我哥上过了高中，说是弟兄俩不能都上。当时推荐上的同学都入学报到上高中了。我真是着急，读不上书怎么办呢？晚上钻被窝里还偷偷流过眼泪。父亲也丝毫没有办法，只是一言不发。一天晚上，母亲突然发声了，说是母亲娘家有个近本家弟弟，在高平工作，我叫舅舅，妗妗在高平寺庄中学当老师，说明天柿庄一亲戚家嫁闺女，妗妗要来。我母亲说她要亲自见见我那妗妗，说说我读高中的事。当时我听了母亲的话非常高兴，但没抱多大希望。

母亲是个地地道道的农家主妇，一天学没上过，一个字不认识，与有文化又是中学教师的妗妗说事，我心里都觉得有点打战。母亲第二天见了妗妗，傍晚回来说让我等信吧，也就是事情如何，妗妗会捎来口信或书信。

这是母亲平生唯一说成的一件大事。母亲真把我上高中的事说成了！

两天后，妗妗捎来口信，让我到寺庄中学报到。母亲给我备了足有 10 多公斤重的行囊，是小米、玉米面之类的粗粮。第二天，父亲把我送到村口，这是我第一次走出柿庄。从海则翻山到高平釜山，再到寺庄，行程约 20 千米，走一路问一路，累了就歇，歇了再走。上午出发，下午到达。到了寺庄村，找到了中学。一进校门，碰到了一名女老师，我上前便问，刚开口，那老师就说："从柿庄来的吧？"我急忙三言两语说了情况。原来遇到的老师正是妗妗，让我把东西放她办公室，带着我见了班主任报了到，然后就住在了妗妗家。

我上高中啦！感谢母亲用了她一生少有的果敢和智慧，把我送进了高中校门。

在寺庄中学领了新书，上了一个多月高中后转学回到了柿庄中学。

1977 年，国家恢复了高考制度。

1978 年 3 月，我在柿庄中学高中毕业。当时县里将想参加大、中专考试的柿庄、固县、胡底三乡当年毕业高中生，集中在柿庄中学办班复习。我参加了中考复习班，学习中考考试内容，在班里一直保持着第一的考试成绩。老师重视，自己也认真勤奋。在考前 20 天左右，县里来了通知，明确指出：应届高中毕业只能报考大学。7 月份我参加了高考，没有考上。那年柿庄没有一个考上大学，包括往届高中毕业生。当时我面临两种选择：一是返校复读；二是回家务农。但在那时，家庭负担很重，家里实在太困难了，父母年岁已高，生活压力很沉重，尽管这样，我硬着头皮选择了复读。我返校不久，也就是 9 月的一个星期天，学校自雇的给我代物理课的老师，是"文化大革命"前老高中毕业生，他给我说，县里要考民办教师，问我去不去？并说先就业也是好事。我没多想，就跟着去了，而且我与我的物理老师居然都考中了。当时柿庄乡初选 14 人，一个月后又去端氏复试通过，经县、公社确认，我终于获得了民办教师资格，11 月份我被安排到本乡算峪小学当了民办教师。

一个寒风劲吹的冬日，我把首次 24 元工资交给母亲，父亲没有吭气，但我看到，已显苍老的父亲的脸上露出一丝喜色。我揣测，父亲是满意的。尽管没有能到供销社站了柜，但总算有个吃饭的地方了。

有了这点工资，再加上哥哥也参加了工作，家里经济不再窘迫。1980年，柿庄联合学区，根据县局文件精神，选派我到晋东南地区教干校培训学习半年。学习结束，安排到柿庄初中担任初中教师。一年多后，即1982年7月，我报考晋城师范，当时同类考生500余名，我以第一名成绩被录取。1984年毕业，在城关初中任教，当了三年语文老师。

1987年，我通过参加成人高考，考进了山西大学，在教育系就读二年。

这是我的最高学历。

回顾我的求学之路，可谓坚持不懈，漫长艰辛。

我深深领悟到那句老话——知识就是力量。人生有许多机会，但只对有准备的人起作用。一个人的阅读量、拥有的知识量，某种程度上影响着他良好人生价值观的形成，甚至决定了他的生存质量。当我把这一硬道理施之于两个孩子的教育与培养，果然也有成效，确实促使了他们的自觉学习和不断进步。

在山大期间，按设置课程，我较系统地学习了教育理论知识，阅读了一些关于教育专业类的书籍，对教育有了更新的理解，理念得到升华。

1989年6月，我从山大毕业，调到了县教育局当干事。

1992年7月1日，当我站在鲜红党旗下庄严宣誓，成为中国共产党一名党员时，对党忠贞、全心全意为人民服务成为我人生的使命。

一天早上我晨练后在街上散步，忽然看见政府门上贴着告示，招录秘书。再看时间，离报名截止只剩三个小时。我当时并没有清醒认识到这是又一次转变自我发展的机会，只是拔步就去找政府办一位副主任问情况了。副主任好脾气，说，不误，去报吧！就这样，一上午连报带考，居然被录取了。哈！当我带着惭愧去跟时任局长汇报时，他宽厚地笑了，说，放你走我不舍得，但不能阻你前途。去吧，年轻人，到了政府好好干。

此后的十多年，我都没离开县委大院，担任过领导秘书，县纪委副书记等职务。

2007年7月，组织调我到教育局任局长，把千斤重担搁我肩上。我有压力，但也欣慰，因为我真正地回归了本行，有机会重拾大学教育系授予的学识，在繁忙的行政工作间隙，联系全县教育实践，对中小学教育、管理及全面贯彻党的教育方针准确把握，进行研究、改进，针对实际提出了"安全、稳定、秩序、质量"的工作思路，稳步推进全县教育事业的发展。

当我把这些可遇不可求的丰富经历、体会、心得带给家庭，自觉或不自觉地影响、促进了孩子们在学业上一路前行，不断攀登高峰。

这是后话了。

6　我的小家庭

1985年8月9日，我与李爱萍结婚，组建家庭。

李爱萍是我老乡，柿庄南村人，1981年考入太原卫生学校，1984年毕业分派到县医院，从事妇科助产工作，中级技术职称。2004年调至卫生局工作，直至退休。

有研究证实，父母在孩子成长过程中，影响力是不平衡的。在社会层面亦即硬性的一些属性，孩子接受父亲的传导多些，而在智商、性格及心灵方面的继承，则孩子多从母亲那里接受。母亲对孩子，影响是全方位的，潜移默化的，是终生的、决定性的。母爱之强大，之穿透，甚至决定着人生的发展和走向。所以，古今中外，有史至今，对母亲的讴歌和颂扬，成为不朽的主题，永远的传统。

李爱萍性格温和，不与人争，思路清晰，言语直爽，做事有条不紊，安分守己，随遇而安，是我心中敬

左：妻子李爱萍，右：作者
2005 年 8 月 28 日，送马菲菲北大入学留影

佩和感激的贤妻良母。在我们数十年共同生活中，基本上没有发生激烈争执，更没有过激的冲突。她任劳任怨，承担起家庭的绝大部分事务，保证了家庭的和睦安稳。尤其，我在纪委、接着到教育局工作期间，整天开会、学习、调研，工作忙、事务多等，基本上不沾家务事。这时，她一肩挑起全家担子，事无大小，夜以继日，陪伴着柴米盐油酱醋茶，精心呵护着一对儿女。

家庭和睦是孩子健康成长的先决条件。撕裂的家庭对孩子的影响是致命的。

还有一点我很庆幸，即她受过中专教育，有着自己执着的教育理念和方法，加之她是学医的，孩子发生小疾小病，不用求人。

这些，也能算作奠定了我的俩孩子顺利成长的基础。

人生苦短，这辈子有李爱萍相伴，我知足。

7　有了两个孩子

父亲的言行告诉我：孩子的成长离不开家庭教育！

1987 年 7 月，女儿出生，取名马菲菲。

9 年后，1996 年 7 月，儿子出生，取名马笑天，乳名"小二"。

先后两个新生命诞生，带给全家无限的欢喜，却也把一个全新的问题摆在我们面前：如何教育培养孩子？从女儿菲菲出生就开始了深深的思考，并付诸行动。

为此，我与妻子付出了 20 多年。

第二章

重启蒙（学前教育阶段）

故事 01

从动手能力入手——简笔画

1991 年 9 月，菲菲 4 岁，到了上幼儿园的年龄。而这之前的数年，由于我们夫妻都要上班，只好把她送回农村老家，交由爷爷奶奶和姥姥家抚养。慈祥的老人，虽不能给孩子更多文化熏陶，但山里不缺小米、萝卜、白菜、山药蛋，把这女孩养得细皮白净、冰雪聪明、机灵活泼、健康壮实。

那天早上，我们送她去新乐幼儿园。

要问平常，哪儿的哭声最多？不是医院，也不是儿童打预防针的地方，而是幼儿园门口。作为一个过来人，我真切体会过那段无比焦虑的日子。无论是在上班，还是在做家务，心都不在自己身上，而是在幼儿园里自家娃身上。

对很多家长来说，每天早上送孩子去幼儿园都是一场"战争"，因为好多孩子在家自由惯了，被大人时时捧着哄着，打心眼里就不想上幼儿园，特别是刚上小班的幼儿，整天愁眉不展，充满无奈的抵触情绪，甚至大声哭闹不入幼儿园大门，家长真是苦不堪言，常常不知如何是好。

菲菲平时就显得胆小，面对人生第一次变化，更是表露出胆怯与迟疑。

在园门口，突然看到那么多大人小孩，她发蒙了，有些惊惧，紧紧搂着妈妈一条腿不肯松开，小眼睛里闪着亮晶晶的泪光，第一次入园倒是没哭，但那恐惧分明地写在了小脸上。

孩子哭闹不想去幼儿园是常态，原因很多，但不外乎以下几条。

1. 与爸爸妈妈突然分开的不安。

孩子在上幼儿园之前，每天都在爸爸妈妈的身边，突然要离开，情绪势必急剧波动，感到不适应，内心极度不安，往往就会用哭来宣泄自己的情绪。

2. 没人喂饭的恐慌。

入园之前，孩子都是由一家人惯着，包括吃饭，总是由爸爸妈妈喂，这导致许多孩子连勺子都不会用。到了幼儿园，每每到了午饭时间孩子总是不知所措，而且幼儿园的饭菜还不一定符合孩子的口味。

3. 不能随心所欲睡觉、做游戏。

幼儿园有严格的作息时间表，跟家里生活大不一样。孩子在家里可以想睡就睡，想玩就玩，可是在幼儿园就不行了。

4. 不能独享老师关爱和玩具的沮丧。

现在很多小孩都是在全家人呵护和关爱之下长大的，习惯了家人对他百般宠爱。可是在幼儿园，虽然老师也很关心，但老师还要照顾很多其他的孩子，不能时时围在自己身边。还有各种玩具和书籍，也不能独享。

忘了经过多长时间哄劝，菲菲终于松开她妈，局促地挪着小腿进去了，但几乎是一步一回头向我们张望。这短短一截路，她走得那么艰难，终于消失在门洞里……

这时，我的心里充满愉悦，却又突然涌起一股莫名的忧伤。

她将由此开启她的一生。这一生会否走得安稳平顺？

幼儿教育、早期教育、学前教育是同一概念，这一时期，是孩子大脑发育、智力发展的关键期。开发和促进幼儿大脑发育正是幼儿园教育的主要任务和职责，其核心在于提供一个教育营养丰富的环境，对孩子的大脑发育和人格成长进行"激活"，从而为孩子日后发展打下一个坚实的基础。幼儿园的教育内容是全面的、启蒙性的，可以相对划分为健康、语言、社会、科学、艺术五个领域，各领域内容相互渗透，从不同角度促进幼儿情感、态度、能力、知识、技能等方面的建树与发展。

可以肯定地说，幼儿园教育的主要形式就是让孩子们尽情地玩耍，无拘无束地快乐。

而动手促进动脑，是培养心智的入门。

当时，初为人父母的我们，并没有多少育儿常识，而且那时书店里有关这类书籍少得可怜，更没有互联网可以方便查阅教育孩子的各种问题、困惑和知识。我们只是凭借前人传下来的一些经验，开始了对菲菲的培养教育。

简笔画成为那时最可行的选择。

简笔画可运用简单线条和平面，形象勾画出事物的主要特征，具有概括、形象、简练的特点。它在幼儿教学中有着不可低估的作用。首先，简笔画能激发孩子认识物体、动物以及将来识字等的兴趣，山、树、日、月、鱼、鸟、鸡、兔……寥寥几笔，直观明了，活灵活现，适宜幼儿记忆，符合幼儿认知特性，也有利于小学汉字的记忆，是识字教学的好方法。如果老师只是把某一汉字拿出来直接教孩子来识记，小朋友会感到枯燥乏味，可能很快忘记。但与简笔画结合，就会激发学习兴趣。如教这个山字，老师先在黑板上画出一座类似"山"字简笔画，让孩子辨认是什么？学生很容易辨认出是大山，再在简笔画下边写出相应的汉字山，然后让孩子们仔细观察是否相似？告诉他们这就是大山的"山"字，孩子们很容易就记住了。

简笔画寥寥数笔，出神入化，几分钟，就能在几尺见方的黑板上，开拓出宽阔无限的形象世界。并且伴随着所学的知识，在孩子头脑中迅速建立起形象，帮助他们准确认识和理解，形成深刻鲜明的印象，加速记忆，还能帮助幼儿展开丰富的想象，激发对某种事物的热爱之情。

简笔画是通过目识、心记、手写等活动提取客观形象，以平面化、程式化的形式和简洁洗练的笔法，表现出既有概括性又有可识性和示意性的绘画。把复杂的形象简单化是其主要特点。

好在当时已是 20 世纪 90 年代，经过十余年改革开放，物质生活大幅度提高，可供孩子学习的用品用具不断开发制造出来。过去，幼儿学画只有蜡笔，菲菲学画时，已有了很多新材料。

我们尽一切可能满足孩子的需要。

记得当时买来各种铅笔、彩笔、彩纸、小剪刀、不干胶、直尺，去启蒙女儿的兴趣和爱好。

果然，我们的女儿迷上了画画。

开始用铅笔，后来用彩笔。开始涂鸦，瞎胡画，后来照着样子描。再后来，手熟了，线条画准了，逐渐就能根据自己想象，画出一些奇奇怪怪、大大小小、不伦不类的作品。上了中班时，菲菲的画就有些像模像样了，色彩的运用也初步掌握，事物的勾勒趋于准确，变得形象、好看。到了大班，进步更快，可以"心想事成"，应该就是进入小小孩子的创作了。

在整个幼儿园期间，我们女儿总是抱着一本本画册，偎着一大堆画笔，描呀画呀，忙得不亦乐乎，小脸蛋兴奋得红光闪耀，像只小苹果。放学回家，有时也缠着我们跟她一起作画。这孩子是怎样对画画建立起如此浓厚的兴趣的，我们不得而知，也深感奇怪。但从此，家里的几面墙上，就贴满了她的一张张画作，红黄绿蓝，鲜艳活泼，奇思妙想，憨态可掬。一个小孩子眼里的世界被她稚拙的写意，描绘得如此神奇，如此可爱。

现在回想，当初我们要孩子画画，只是培养她的动手能力，并没有要她长大在画画方面有所发展、大有出息。但是，通过坚持不懈的习画，从小就养成一种专注精神，让孩子一心一意去干一件事情，锲而不舍，不怕失败，不怕挫折。一句话，专心致志，才是成就任何事业的根本。

这才是我们要灌输给菲菲的道理。

记得是在中班下半学期，菲菲画了一幅画，题为《小猫了不起》——"小猫了不起"是她自己想出来的，并让我抓住她的手写到画面上。画中，小猫变形直立，大眼圆睁，充满自信，右手紧握钓竿扛在肩上，左手提着一条小鱼。整个画作极其生动，色彩丰富，拟人化的一只小猫被表现得鲜活、亲切、可爱，充满可贵的想象力。（如图）

我自感这个作品不错。

马菲菲幼儿园作品，发表于《娃娃画报》

于是，鼓励孩子勇敢一些，把作品寄给了省城太原的一家刊物《娃娃画报》。当时也就是想试试，不料半个多月后，居然被发表了！编辑寄来报纸还附了一封鼓励信，同时还有 10 元稿酬。

那些天，小菲菲脸上总是笑眯眯的，嘴也不停地哼着歌。她在享受成功带来的喜悦。我断定，这小小的收获，将永久地铭刻在她心灵深处，成为学习、进步、成长的动力。

故事 02

动手能力升级——挑花绳

进入中班，经过一年多幼儿园生活，菲菲在各方面都发生明显改变，融入集体生活，使她性格更加活泼、爱动，语言表达能力也有很大提升，尤其学习兴趣变得开放、多样了。

这时的女儿，虽对画画仍保持一定的兴趣，但已远不如开始那么忘情、专注，那么痴迷了。

孩子在进步，在长大，在求变求新。

我们意识到，必须配合孩子的每一个成长进程，做出相应的调整——需要提升她的动手能力了。

当时选择的，是玩绳结这种游戏。

绳子是人类最古老的朋友。可以说，自从远古人类发明石器的时代，绳子也就差不多产生，最初的绳子可能就是用树皮做成。随着生产活动的逐步丰富、扩展，绳子的用途也越来越广泛，由最初的狩猎、生产，进而用于战争等等，传说的"结绳记事"说明绳结已进入数学领域，开始成为人类日常生活的助手。其后，在漫长的历史演进中，绳结变得越来越繁杂、丰富，有了专门的运用领域。如"五花大绑"，俗称"刑绳"，就是独特的捆人绳结。用于捆猪、捆牛的绳结各有专门的手法。用于文化和娱乐，那绳结的发明就不止百种千种。我们常见的荡秋千、抖空竹、跳绳等等，无不与绳有关。

可以说，绳结在促进人类成长和发育、发展过程中，起到了不可替代的支撑作用，它对人类大脑的进化尤为关键。所以，选择绳结游戏是助力儿童智力发展的一项非常有益的活动。

而适合儿童玩要的绳结游戏是挑花绳。

这是一种流传久远，在民间十分广泛的儿童游戏。

挑花绳在我们沁水叫翻绳。在中国不同的地域，有不同的称法，如线翻花、翻花鼓、挑绷绷、解股，在河南称"开胶"，在杭州称"挑花花绳"，土族、满族、蒙古族等称之为"解绷绷"等等。挑花绳在世界上不同地域、不同部族中都是非常普遍的游戏。在我国杭州，挑花绳是女孩子在七夕时玩的游戏，善于挑花绳的女孩被人们称为"巧女"。

挑花绳的工具是一根粗细适中的棉绳、毛绳、毛线、麻线、呢绒线、橡皮筋等，长度一米左右，将绳两头打结，做成绳圈。其玩法可以一人玩或两人合作玩。一人的玩法是：将绳圈套在双手上，用双手手指或缠或绕或穿或挑，经过挑转将绳在手指间绷出各种花样来。双人挑花绳的玩法是：一人以手指将绳圈编成一种花样，另一人用手指接过来，挑翻成不同的花样，相互交替编翻，直到一方不能再挑翻下去为止。这个游戏最大的乐趣在于翻出新花样，展现自己的聪明才智。它的技巧是，要尽量顺利完成整套花样，头脑清晰、眼明手快、手指灵活才能变出花样，否则就会打结。

挑花绳是一种简单的游戏，通俗易懂，儿童易学易操作，基本手法只是勾、挑、拉。孩子们常被各种花式玩法所吸引，好奇地与同伴一起合作，灵巧的小手在五颜六色的绳绳上挑来挑去，快乐地与同伴玩得不亦乐乎，一起创造出一个又一个形状，"飞机""轮船""拉面条""蛛网"……

挑花绳虽然只是一个简单的游戏活动，但它却能促进孩子们的想象力，锻炼他们的手指动作的灵活性，并发展孩子们的合作能力。同时，挑花绳属于民间传统游戏，让孩子们认识挑花绳并参与其中，更是对中国传统文化的一种珍视和继承。

有科学实验证明，挑花绳游戏适合儿童大脑的开发。其原理是，手指的频繁活动，最直接触发的是人头脑的前额叶——这是大脑中最重要的部位，主管人类的思考、记忆等功能，与大脑的聪明息息相关。

挑花绳最难的一个节目是"降落伞"。

学会这个，可以说就把这种游戏玩到了最高境界。

其手法非常复杂，将绳两头挽在一起呈圆圈状，然后套在左手大拇指与小指上，右手拉下手掌中的一根线，再拉下跳回手掌中的那一根线，用右手大拇指与食指抠入左手中的线，向下拉，然后反转往下，这时，手掌中还剩一根直线，将其往下拉——一个"降落伞"就做成功啦。

菲菲似乎天生就有一种韧性，对任何事物只要发生兴趣，就会锲而不舍，执着到底。这种性格，表现为专注力极强，导致她在幼儿园以及后来的小、初、高中阶段学习中，总是能"咬定青山不放松"，发挥出令人意想不到的攻击性，消难题于无形，取得不俗成绩。所以，当她对挑花绳也发生极大兴趣时，就很快陷入痴迷，玩得越来越起劲。在园里和小伙伴玩，交了一帮朋友。在家玩，挑败妈妈，我更不是对手。而且，只用了不长时间，当她似乎不太费劲就编织出色彩鲜丽的一个"降落伞"，发出快乐的叫声时，我们两口子不免有些吃惊：这孩子越来越会玩了。

动手促进动脑，是催使儿童发育的不二法门。

这是一个铁律。

故事 03

动手能力再升级——搭积木

不过，挑花绳这种游戏，菲菲保持兴趣约有一年的时间，大约是因为玩得频繁和过多，基本玩不出什么新花样了。感觉简单了，玩得没意思了。于是，我们再想跟她一起玩，菲菲表现出不情愿，甚至不耐烦。

这说明，孩子成长速度很快，简单的游戏已不能适应她智力开发的水平，迫切需要做出进一步调整，以加强动手能力。

这时，我们选择了积木。

积木通常是立方的木头或塑料固体玩具，一般在每一表面装饰着字母或图画，允许进行不同的排列或进行建筑活动。积木有各种样式，可开发儿童智力，可拼成房子、各种动物。积木有平面和立体两种。绝大多数中低端积木都是使用松木制成的，还有塑料固体类积木（我们叫积塑），可堆积搭建、可套装搭建、也可平面上摆图形。花样繁多，能够激发幼儿动手动脑的兴趣，起到益智的作用。

玩积木的好处实在太多。

锻炼手眼协调能力。堆积木时，孩子需要灵巧地使用双手，因此可以促进精细动作的发展。将零散的积木堆出复杂的物体，还可以锻炼手眼协调能力。

（1）培养观察力。孩子搭出来的房子之类的物体，实际上都是生活中常见的。他们首先要学会观察，然后在玩的过程中，把日常生活中观察到的事物用积木表现出来。观察力就在不知不觉中培养起来了。

（2）培养交往能力。最好让孩子和别的小朋友一起搭积木，这比一个人玩更有趣。而且，孩子们一起搭积木，相互间还会激发灵感，因此会玩得更认真，对培养孩子与人相处的能力也有好处。

（3）让孩子更自信。搭积木的过程完全可以由孩子自己控制，这会给孩子带来满足感和自信心。孩子在玩积木过程中，还可以学到很多数学知识，培养空间感、想象力、创造性和语言表达能力。

（4）认识几何图形。积木的形状、大小、长短各不相同，孩子可以通过积木来区分几何形体，如长方体、正方体、圆柱体等。标准积木具有一定的尺寸和比例，孩子在摆弄过程中，可以感知积木不同的形状、比例、大小、粗细、高矮、长短等。

菲菲玩积木时，市场上已不大见到木制品，绝大多数改成了塑料的，称为"积塑"。当时，我们为她选择性购买，由最简单的拼接、堆积，到后来越来越复杂。特别是到孩子小二时，市场上的木制、塑制积木数量繁多，样式庞杂，各种牌子的产品很流行，约有上百种。

玩搭积木这种游戏，后来我的孩子小二，表现得兴趣更为浓厚，甚至到了贪玩的程度，一玩就是三四个小时，一边玩，一边自言自语，有时开心大笑，有时一筹莫展。对小二来说，搭高楼、搭轮船、搭大炮、搭飞机，都是他的强项。有时表现得非常专注和痴迷，大人站到他旁边，他都察觉不到，叫他两声名字，像没听见似的，根本不答应。他常会

马笑天（小二）在玩积木

把自己搭建得好的图形，在我们面前展示，也会在小朋友来家玩时，一件一件如数家珍似的，眉飞色舞地炫耀着自己的"杰作"。

回想我们前后和俩孩子一起玩的过程，大致上有以下主要的几种。

（1）建宝塔。准备几块方形、圆形积木，教孩子搭高。然后在最高的位置放一块三角形或圆锥体积木当房顶。玩积木至少要有两块，从两块到三块、四块，数量不断增加。这样孩子会逐渐明白，积木越多，就越能搭出复杂的物体，搭得越高，就越容易倒塌。于是，孩子终于摸出窍门，知道了大的放下面、小的放上面，这样才不容易倒下来。不知不觉，孩子就理解了多少、大小、轻重、高矮等概念。

（2）找图形。先教孩子认识各种几何图形，如圆形、半圆形、三角形、长方形等，然后让他从一堆积木中准确地找出来。有时我们和孩子比赛，看谁找得又快又准。

（3）加倍。把两个相同的长方形积木对成一个正方形，两个三角形对成一个正方形，两个半圆形对成一个圆形等。这个游戏可以帮助孩子了解不同图形之间相互组合的关系，理解部分与整体等概念。而且在玩的过程中，孩子需要用眼睛观察不同形状的积木是否能够对得上，这对观察力的培养很有益处。

（4）对数字。准备一套标有数字的积木。根据面上的数字，按照从小到大顺序堆搭，首先选一个相对数字小的积木垫底，然后让孩子根据下一个数字，把相应的积木放到上面去。要是放错了，或在放的过程中把已搭好的积木碰倒，就算输了。这个游戏可以帮助孩子理解数字之间的关系，使孩子对数字的概念更加清晰。

（5）谁的积木多。先是妈妈和孩子各分得数量相等的积木块，然后"石头剪刀布"，每比一次，赢的一方就从对方得到一块积木。玩三次以后，数一下双方各自拥有的数量。这个游戏可以使孩子理解多与少的差别，对加减法产生最初的体会。

（6）构建空间概念。一般说，孩子是很喜欢搭建漂亮的建筑物的。在搭建的时候，他要想象，衡量每块积木在建筑物中的位置，然后将每一块摆放到最适当的地方，这是培养空间感的基础。

（7）积木倒了。把积木一块块垒起来，垒到一定高度时，让孩子去推倒。往往，看到积木倒下来的样子，菲菲会开心大笑。这只是一个很简单的"搞破坏"游戏，但对孩子来说，好玩！既快乐又能提高认知能力。

（8）打保龄球。先把不同颜色的圆柱体排列成倒三角形，然后让孩子离开一段距离，拿一个球滚向积木，将其碰倒。随着孩子能力的提高，可以逐渐加大距离。这个游戏要求孩子具有方向意识，对提高注意力、增强身体协调性很有帮助。

（9）多米诺骨牌。把积木按多米诺骨牌的方式排列好，然后撞倒排在最前面或最后面的一块积木，欣赏积木按次序倒下的有趣景象。在积木的摆放过程中，孩子需要准确地判断空间距离，而且要求手部动作精确和高度集中注意力。

玩积木要涉及很多力学原理。比如大小不同的积木稳固性是不一样的，稳固性好的不容易倒塌。盖房子时，孩子会逐渐意识到平衡、对称等关系。渐渐地，搭建之前，孩子已先有了一个计划，下面放什么，上面搭什么。这个过程有助于培养科学思维。

还有一条，就是父母必须陪孩子玩，要有耐心。

大致算起来，我们夫妻先后陪俩孩子玩积木差不多三年时间，玩了一百多种，但以上几种我认为是最有吸引力、启发性，是俩孩子都适宜玩的，也最能带来快乐的。一旦开玩，往往不易罢手。

积木游戏是动手能力的升级活动，它所触及的，已不是简单的事物，而是有关力学、数学、物理、建筑等的初步知识。这对于脑子还像一张白纸那样纯洁的小孩子，显然已超出其有限的认知能力。所以，作为父母的我们，从买回积木的那天起，就要做好准备：陪孩子玩！有耐心、要细心，无论多忙每天都要抽出一点时间，作为一项工作、一个任务来完成。并且，玩的过程中，时时启发，时时提醒，多观察、多聆听、多沟通、多动手、多指导，一起愁、一起笑，把游戏升华为快乐。

这是我的经验。

1. 多观察。

这是表明父母对孩子的照顾、关心和兴趣的一种方式。例如，温暖的眼神让孩子感到他们被父母所爱、尊重和重视。因此，当孩子玩耍时，父母位置应与孩子相对，以便能够轻易地看到孩子的眼睛和脸。当孩子响应父母或父母回答孩子的问题时，是融入当下情境，这样的亲子行为才会变得有意义。父母可以通过面部表情、身体动作和情绪来评估孩子的"提示"。父母对孩子的观察为他们提供了有关孩子的行为和需求的线索。例如，当玩耍时，孩子心情不安，父母可问在学校发生了什么事，或者是否累了、饿了或生病了。当孩子生气时，父母可以支持和引导，但决不要干预孩子玩耍。经常不断地干预会轻易地降低孩子的信心，妨碍他们创造、想象。

2. 多聆听。

当孩子在搭积木建筑时，他会编故事并且会自言自语。有独白，这是一个好现象。这时，父母应成为一个很好的听众，注意孩子们说什么，不要打断孩子思考和独白。父母应鼓励孩子想象，鼓励自由表达，尽可能建立舒缓放松的氛围，并持开放态度，欢迎孩子与父母表达感情和思想。一旦孩子滔滔不绝地说话，肯定是感受到了被重视，从而愿意与父母分享自己的思考和想法，这样日积月累，就会养成经常和爸妈交流情感的好习惯。

3. 多讨论。

进行积木游戏，对话是常有的事。这时，父母应采取开放式对话，主动问一些问题，做出积极的关心，并多做表扬和鼓励。如"告诉我们关于你的积木城堡的有趣故事。"而不是"你在建一座城堡吗？"此外，父母可以再次重复儿童的回答，家长除了扩大对话外，还可以帮助孩子拓展他们的演出。例如，父母可以指导孩子们："唷，你建造的房子太好了，真棒！你还能做一个大城堡，是吧？好，加油！"这样做，可以让孩子知道父母正在聆听和关注他，不仅保护了孩子的自尊心，也提高了对父母的信任度。更多时候，父母要提出一些建议，鼓励孩子使用简单的道具，如娃娃、动物模型、汽车模型等，帮助孩子扩大想象力，丰富玩耍情景。

4. 多理解。

当孩子高高兴兴搭建高塔或其他创意作品时，父母要不时给予关注、观察，了解孩子的感受和情绪。"呀，你这个想法真奇妙！这是你的杰作，知道吗？你会感到自豪和快乐！"而当孩子沮丧时，就得加以鼓励："哦，怎么了？没弄好，是吧？没关系，不要放弃，来，我们再试一次。"现在，你必须出手帮助了。孩子在玩耍时会随时产生不同的情绪，父母当然熟悉自己孩子的个性和气质，多说一些好听话，只会加深信任，加深理解。

小小积木，其实是一个气象万千的世界。

在和俩孩子一同玩游戏的日子里，我深深感受到了游戏的神奇，感受到它对儿童提高智力的功用。特别在菲菲由最初生疏，到后来熟练，一双小手如蝴蝶般不停地翩翩翻飞，那短短手指就进入了幻境，神速腾挪，变化无穷，令人不由得惊叹大自然的奇妙造化。到小二时呢，常常好提问题，提出的问题从简单到复杂，越来越多，特别好奇，可是当他半天不说话时，一座花花绿绿奇形怪状的建筑，已由他充满古古怪怪念头的小脑袋创造出来。

人类为了孩子的学习和成长，几乎穷尽了想象，发明了数不胜数的玩具，而积木从其诞生之日起，就一天也未衰落，一直蓬蓬勃勃占据着天高地阔的儿童世界，成为人世间所有孩子的一种最爱。

真要感谢发明积木的人。

他用其高超的智慧和爱心，激发了全世界儿童的想象。

故事 04

动手能力的极致运动——魔方

我始终认为，提高幼儿动手能力，是加强脑发育、促进智力提升的最有效途径。

大约中班下学期，菲菲还在沉迷于积木的时候，我给她买回来第一个魔方，女儿立刻就被这小塑料方块吸引，玩着就又迷上了，后来她玩坏了好几个。

说起魔方，我还与之有个小故事。

约在我刚到县城工作时，某一天，朋友送我一个小方块，塑料的，六面体，六种颜色，说这叫魔方。其玩法是，把六面体全部打乱，颜色结构完全破坏，然后开始还原，直到全部六个面恢复到原来状态。于是，我手不停地拧动、旋转、拼合，弄了半天，发现要想整个儿还原，几乎是不可能的。哈，这太有趣了。我热乎了一阵，但发现这玩意太难，加之学习、工作忙，也就放弃了。不过，当时模糊地想到，这玩意很可能是世界上最难破解、却最优秀的一种益智玩具。

现在重拾魔方，是想让女儿占领这个新领域，去攻坚克难，把小脑瓜子训练得好用一些。毕竟，积木太简单了，她玩不了多久就会厌倦的。果然，小菲菲抱住魔方就再不理积木，从此一双小手沾在小方块上再不放松，扭呀转呀，那般陶醉、那般好奇，偶尔小成功，便快乐地大叫。那时，我这个曾经失败的魔方玩家，帮不上任何忙，只能由着她瞎胡折腾。

几年后，孩子小二成了我家玩魔方的第三人。魔方吸引力太大了，他兴趣特浓，睡觉时都要把魔方带到被窝里，非常专注，也喜欢思考。从有目的地完成并排两块颜色一样，到三块一排颜色一样，再到一个面九块成为同一颜色，每一次进步，他都非常兴奋，快乐不已。在幼儿园玩了近两年时间。进入小学因学习较忙，有所放松，但没有放弃，偶尔有空了也会转转魔方。

但为了俩孩子，我还是尽可能地搜集、学习有关魔方的一些资料，从技巧到常识，不断积累，渐渐成了俩孩子的魔友。

魔方，又叫鲁比克方块，是由匈牙利一个叫鲁比克的教授于1974年发明的，被命名为一项手部极限运动，与华容道、独立钻石棋，一起被世界公认为智力游戏领域的三大不可思议。其受欢迎程度，超过人类自有玩具以来的任何一种。

魔方有很多阶，这是个专用名词，说不清。

人们常玩的是三阶魔方，形状通常是正方体，由有弹性的硬塑料制成。其玩法是将魔方打乱，然后在最短的时间内复原。截至2019年2月，官方公布的三阶魔方还原世界纪录，是中国的杜宇生在2018年11月24日于芜湖赛创造的，单次3.47秒。

三阶魔方由26个小方块和一个三维十字（十字轴）连接轴组成，物理结构非常巧妙。它每个面纵横都分为三层，每层都可自由转动，通过层的转动改变小方块在立方体上的位置，各部分之间存在着制约关系，没有两个小块是完全相同的。立方体各个面上颜色相同，面与面之间不同。这种状态是魔方的原始状态。

复原魔方需要一双灵巧的手、敏锐的空间想象力、高效实用的转动程序。复原方法有很多种，具体步骤上有很大的差异性。别看魔方只有 26 个小方块，可它变化的总数为 43252003274489856000 种，如果你一秒可以转 3 下魔方，不计重复，也需要转动 4542 亿年，才可以转出魔方所有的变化。多么惊人！就是说，一般智力的常人，如果不具备一定的数学知识，也不钻研并掌握相当的技巧，要想全部复原一个魔方，几乎是不可能的。

如果积木只涉及力学，那么，魔方已触及数学尖端的"群论"等高深理论，对计算机科学及理论物理都产生极深刻的作用。

玩魔方如此之难，却为什么风行世界，成为人们沾手不弃的心爱之物呢？主要是太难才有太大吸引力，除此，还有偌多好处。

（1）可以锻炼孩子的手、眼、脑的协调能力。小孩玩魔方手一边拧，眼同时看，脑子一直在琢磨，对手、眼、脑的协调能力是一种促进。

（2）可提高小孩的记忆力、整体观察能力和空间思维能力。拧魔方要把魔方看成一个整体，要整条整块地变动，全面照顾，不能只是一点一面的考虑。

（3）有利于提高孩子计算能力和应变能力。要想把魔方复原离不开计算，不断地计算、观察，增强了反应能力和应变能力。

（4）能形成儿童良好的思维方式和思维习惯。玩魔方可锻炼孩子手指灵活度，在手和大脑协调配合的过程中实现对幼儿智力的开发。

（5）可培养孩子的记忆力，在魔方还原的过程中，孩子需要记忆一系列的还原公式，还原的次数多了，记忆力会随之逐渐增强。

（6）寓教于乐，玩魔方是在玩中学，在学中玩。孩子爱玩爱学，越学越爱玩，越玩越爱学，互相促进，脑力大增。

菲菲玩魔方差不多一年半，到大班上学期能转成同颜色的一个整面，这是她的最高水平，进入小学不再玩了。小二玩魔方时间要长一点，小学和初中阶段断断续续坚持玩，爱琢磨，善思考，上初中二年级时他终于完成复原全部 6 个面，是我们家扭玩魔方的最高水平，这已经很不错了。而我，已扔弃魔方多年，因为太难，至今仅能还原相同颜色一个面。

有关加强动手能力促进儿童脑发育、提升智力，是教育学界公认的结论。但要具体说清楚，恐怕就要涉及人的身体结构、脑结构、神经结构及很多学科，这是我们常人做不到的。但我坚信，孩子动手大有益！而魔方，正是把动手能力运动引向了极限。

故事 05

俩孩子的苦恼——语言纠错

在菲菲入园不久，一天回来她一张小脸全是愁，跟我们诉苦说："爸爸，妈妈，我不想上幼儿园了！别人都笑话我。"

"笑你甚呀？"

"笑我说话嘛！我说什么人家都听不懂，别人说啥我也不知道。"

我们意识到了这个问题的严重性。

9 年后的小二入幼儿园也存在同样的问题。

前面说过，俩孩子断奶后，就送回老家交给爷爷奶奶或姥姥抚养，在柿庄生活数年，学就了一口老家农村话。我是老柿庄人，深深懂得柿庄话不标准，发音迟滞，鼻音重。而新乐幼儿园的孩子，有城东的，城西的，还有县城城关及附近的，各自说话都有特点，县城附近和城西人说话语音较轻，入园幼儿相对多，他们交流起来也相对容易些。因我们老家柿庄距县城七八十千米，说话语言相对差别大些，俩孩子操着一口重重的柿庄口音话，大家自然听不懂，无法沟通，俩孩子先后相差九年入园，都不同程度地存在因口音不适而交流困难的现象。

从女儿入园开始，提醒我们不能再等，必须纠正语言。

可我们没有经验。

婴儿生下不久，就牙牙学语，那是最初的表达。语言，即把话说好，是至关生存的第一要素。把话说好有两层境界，第一是说得标准。第二是说得得体，即会说话，有沟通技巧，这需要后天的历练。

菲菲的问题是发音不标准，后来小二的问题也是发音不标准。

我们唯一的选择只能是从普通话入手，从学拼音开始。

于是，买来挂图，先声母，后韵母，督促孩子照着练习，每天如此，从不间断。可我和妻子都是柿庄人，说话本就不标准，现在充当老师，感到非常吃力和不容易。好在，我们有韧性，能坚持，一点一滴地改变着女儿，也在提高我们自己。

普通话的重要性家喻户晓。自1955年国家进行文字改革，通过《中华人民共和国国家通用语言文字法》，正式确定普通话为官方、教学、媒体等标准语，成为中国大陆和香港、澳门、台湾、海外华人的共通语、共通交际口语与书面语言。大力推广普通话作为国家战略层面的重要工作，中华人民共和国成立以来不断得到加强。全民学习普通话，成为时尚。

而幼儿是学习语言、形成口语的关键时期。

像菲菲这么大孩子，敢讲敢说，急欲与人交流，如果错过这个学语言的最佳年龄期，那么，原来形成的方言语音、语感形式，就很难矫正了。

从早期教育看，不会说普通话的孩子一开始就失败了。

我俩孩子从入幼儿园开始学习说普通话，一直坚持到小学一二年级，普通话说得流畅，汉语拼音基本掌握，运用自如。在小学阶段，女儿菲菲曾参加过数次演讲赛，每次都有奖项的获得。儿子小二也曾在校"六一"儿童节文艺表演活动中担任主持人。这些均得益于俩孩子有较好的普通话基础。

要想说好普通话，学好拼音是关键。

拼音，是学习普通话和汉字的入门课程，要学好普通话和汉字，首先应该先学好拼音，掌握发音方法。我们家长必须懂得学习拼音的重要性。

汉语拼音是说普通话和识字的重要、有效的工具。学习过程中，遇到不认识的生字，引导孩子用拼音拼一拼，读一读，多读几遍，在反复拼读的过程中，学会了汉字，读准了语音，获得自主识字读音的能力。从而激发孩子识字的兴趣，加快识字的速度，有利于读准汉字发音。学会汉语拼音，读准声母、韵母、声调和整体认读音节，就能准确地拼读，正确书写。所以，牢牢熟记《汉语拼音字母表》极为关键，保证了孩子普通话的正确发音。

学习汉语拼音，一方面让孩子通过朗读，巩固了汉语拼音。另一方面，孩子借助拼音朗读课文，进行自读实践，反复朗读，就能把字音读准，能把课文读通、读顺，提高朗读能力。时间再长，再加领会，还能够读出感情。阅读学习，孩子的综合素质得到提高。幼儿至小学一二年级是学习母语的黄金时期，大量诵读，可以积累尽可能多的语言材料，从而培养良好的文化修养，拓宽知识空间，为孩子今后高水平、高品位运用文字和语言发展打下深厚根基。

拼音学到一定时候，基本达到随心所欲，就可以指导孩子用音序检字查阅字典，这反过来又促进拼音的深入学习。学会独立查字典，是一次蜕变，是一次升华，为孩子语文学习打开了方便之门。

现今网络社会，最流行的电脑文字录入是拼音输入法，这是一种最快捷、最方便、用得最广泛的语言输入法。幼儿到小学一年级学会并熟练掌握了汉语拼音，也就意味着很容易学会拼音输入法，为以后学习电脑及录入技术打下基础。

汉语拼音设计之初，是借助了英文字母符号。声、韵母47个音标，除个别有特殊设计，其他都与26个英文字母对应，英语的读音和汉语拼音的读音有一定的相似度。所以，幼儿学会拼音，也就熟悉了26个英文字母，这对之后学习英语发音、书写，极有帮助。

我们对俩孩子的语言纠正，就是出于以上几方面的领会与启示。

第一步，强制督促学习。先把一张《汉语拼音表》背得滚瓜烂熟，务必达到看到就会，一听就懂。然后是默写，把47个声、韵母音标从前到后、从后到前每天写多次，日久，做到了随心所欲。第二，开始给课本上的字注音，后来扩展到童话、故事读物。如此，学中用，用中学，不久说话就改变了许多，柿庄口音明显减少，比较接近了普通话表达。俩孩子在幼儿园和小学一年级时其实也很贪玩，这是孩子的天性，学拼音也存在拖拖拉拉、不细心、不用心等问题，于此，我们毫不客气，严厉对待，有时候必须训斥。教育孩子是一个工程，当一个家长是一门学问。对孩子疼爱是人之天性，但过犹不及，一旦放纵甚至趋向于溺爱，那就是害孩子了。所以，宽严结合，把握分寸，才是行之有效的法则。

第二步，多听有声读物。随着全民推广普通话，市场上有关这方面的配声教材与读物越来越多。在这方面，我是舍得花钱的，总是隔三岔五就买回一堆，儿歌、故事、音乐、唐诗三百首、安徒生童话……
逮着什么买什么。再后来，有了视频，干脆就大把大把地买来碟片，
在电视上反复播放。大投资总有大回报。一般经历半年时间，我家孩
子的说话水平大有提高，普通话说得有些模样了。

　　第三步，不断加大拼音阅读。可以说，现在方便儿童学拼音的教材、
用具、读物、软件多如牛毛。我比较倾向那种配注音的故事及童话书。
这方面，要循序渐进，先买相对简单的，浅显些的，让孩子一本一本
认真读完、记熟。再买比较复杂的，深厚些的。这样形式的学习，已
不局限于普通话的学习，而是扩展到整个语文的学习。不断加大阅读
量，迅速改变着我们孩子的说话、写作。这个好习惯，我们家一直保
持至今，成了一种传统。从幼儿园、小学、初中、高中，女儿菲菲和
我们的儿子马笑天，阅读的课外书籍没有统计，粗略估计约有一二百
本吧。

　　回顾俩孩子学普通话过程，我特别享受，又仿佛进行了一场战斗。
其中的曲折，其中的乐趣、其中意料不到的困难，常使人哭笑不得，
又回味无穷。这是俩孩子幼年时期送给老爸的特别礼物，将深深珍藏
在我的记忆中。

故事 06

一次逃学——扎牢纪律观念

具体时间已记不清了，但菲菲上了中班是一定的，而且是上半学期。下午我到幼儿园接菲菲，第一眼看到她，脸色阴沉沉的，没有丝毫笑意，与往常快乐、满脸喜色的样子形成了极大的反差。"肯定今天遭遇不快的事情了"，当时我心里一闪念，也没敢问，赶紧拉着菲菲的小手走出了幼儿园的大门。回到家中，我沉不住气了，急忙问："今天在幼儿园怎么啦？感觉你一点也不高兴呀！"菲菲小脸憋得通红，眼里一下涌出了泪水……

小家伙嗫嚅半天，突然哇哇大哭。

坏了！我们好歹哄不哭了，她才结结巴巴说了个大概。

我不想上课、不想上课，跑走了，老师硬把我叫回到教室了……就不想进教室……

我们也算知道了事由的一二。

第二天，送她入园后，才清楚了头一天发生的事情。

原来在课间休息时，菲菲借上洗手间之机，悄悄一人跑到了门房藏躲起来，当时老师非常着急，在园内四处寻找。门房值班老师弄不清她是哪个班的，什么情况，追问了她几次，她都没有回答，只是说："不上课了，让爸妈接我回家。""我要回家！"后来老师到门房寻问有无幼儿跑出园门时，才发现了菲菲，急忙带她回到了班里。一场小的惊慌，才算平静下来。

但我们两口子意识到，事情虽小，性质严重。一个丁点大孩子，稍不如意，就敢罢课，如此任性，长大怎么得了？看起来是该给她上上纪律课了。

过了三四天，看到这小东西一切恢复如常，活泼得像只小松鼠。于是在一个晚上，我认真地和她谈了一次话。开始先问了两个假设问题，引导她回答。假如你老师在上课时悄悄溜走了，把你们幼儿都留到教室不管，行不行呀？她立马回答："不行、可是不行。"接着我又假设，假如你妈上班时悄悄溜走，产妇要生宝宝怎么办？行不行？她又很快回答："不行，太可怕了。"回答刚结束，我一脸严肃，认真地告诉她：上次事情，不请假，擅自逃课是不对的。家有家规，校有校规，幼儿园有幼儿园的规矩，如果每个人不高兴了都跑，那幼儿园还怎么办？见我一脸严肃，菲菲感到了压力，想了半天，还是点头认了错。

对菲菲进行纪律教育由此开始。

有人会问，这么大点孩子就抓教育，是不是早了？

这就要说说幼儿教育的特点。

幼儿教育，主要指的是对 3～6 岁年龄阶段的幼儿所实施的教育。幼儿教育是学前教育的后半段，前面与 0～3 岁的婴儿教育衔接，后面与小学教育衔接。是一个人教育与发展的重要而特殊的阶段。所谓重要，是说这是一个人发展的奠基时期，许多能力、个性、品质等，都会在这个时期形成基本特点；所谓特殊，指的是这个阶段是儿童身心发展从最初的不定型到基本定型，转向按社会需求来学习，并获得发展的过渡时期。

　　1998 年 1 月 18 日至 21 日，75 位诺贝尔奖获得者聚首巴黎，期间记者问其中一位："你在哪所大学学到了你认为最重要的东西？"出人意料的是这位白发苍苍的老人回答："在幼儿园！""在幼儿园学到什么？"老人回答："把自己的东西分一半给小朋友，不是自己的东西不拿，东西要放回原处，做错了事情要表示歉意，午后要休息，要仔细观察大自然，我学到的东西就这些。"这位老科学家回答得的确让许多人感到惊异，但他恰恰说出了幼儿教育是人一生中最重要的启蒙阶段。

　　孩子从出生到长大成人，是一个不断社会化的过程。孩子受社会性教育越多，长大后适应社会的能力就越强。所以，对幼儿进行社会性包括纪律教育，不仅是幼儿个人生存发展的需要，也是社会发展的需要。

　　有句俗话说，小时了不得，大了不得了。意思就是如果发现小孩身上出现坏的苗头尤其涉及品质方面的不良习惯，必须及时加以纠正，否则，任其发展，后果不堪设想。

　　所以，纪律教育从娃娃抓起，是非常必要的。

　　幼儿纪律教育是幼儿德育内容之一。对幼儿进行遵守集体规则、公共秩序的观念和行为的教育，旨在培养孩子初步的纪律观念、逐步掌握适应集体生活的技能，养成遵守集体规则和公共秩序的行为习惯。

　　所谓纪律，就是守规矩。家有家规，校有校规，园有园规，无论哪一种规章制度，都需要约束孩子遵守，从而规范孩子的日常行为。但孩子们天生调皮捣蛋，不可能都顺顺利利地听大人的话，有时还与大人拧着干。可无论孩子怎样不听话，一条原则必须坚持，就是千万不能惯。

　　当然，毕竟我们面对的是几岁孩子，开展这方面教育只能"因材施教"，要按规律办，不能乱来。否则，收不到任何效果。

我们的体会是：①生动，要对孩子具体讲清各项规定的要求，和在集体生活中应遵守的秩序，并照此遵守、执行。②坚持父母的榜样示范，正面引导，经常表扬，一般不批评，从而养成良好行为。③通过上课、劳动、游戏等活动，培养孩子自制力，锻炼意志品质，鼓励孩子自觉控制不适当行为，克服任性、散漫、注意力不集中、侵犯或打扰别人等缺点。

我们的具体做法只有一条，决不说大道理，用儿歌灌输。

> 爸爸妈妈去上班，
>
> 我上幼儿园，
>
> 不哭也不闹，
>
> 叫声老师好。
>
> 小朋友，排队走，
>
> 你在前，我在后，
>
> 老师夸我真优秀。
>
> 垃圾废纸装进箱，
>
> 地面保持洁又亮。
>
> 室内卫生人人讲，
>
> 良好习惯早早养。
>
> 拼音本，手中拿，
>
> 它帮我们学文化。
>
> 不乱撕，不乱画，
>
> 认真写字人人夸。

铃声响，进课堂，

文具书本摆正当。

身体坐正看前方，

专心致志来听讲。

教室走廊不奔跑，

安全第一真是好。

上楼下楼靠右走，

遇到混乱手牵手。

不要推，不要挤，

关心别人爱自己。

我们对菲菲的纪律教育实施了数年，坚持的办法是绝对不板起面孔说教，而是结合日常生活，在细节中一点一滴灌输，从爱出发，"润物细无声"。几年后，我们的儿子也上了幼儿园，不等他再出现逃课这样的违纪现象发生，就及早补上了这一课。

一份投入总有一份回报。

从上小学开始，我们的儿女就逐步担任起班级干部，以良好的纪律素质赢得老师的赞赏，同学们的信任。

故事 07

唱歌事件——学会尊重，学会感恩

提起这件事，我心里至今还是隐隐作痛。

记得菲菲上中班，后半学期，一个星期天，下午无事可做，就带了孩子去同事家玩。同事家也有个女儿，年龄比菲菲小一岁，平时常在一起玩，是好伙伴。

这天是唱歌。

两个孩子并立客厅中央，大人们围坐沙发，不时为她们鼓掌加油。菲菲先唱一首《我的好妈妈》，大人拍着节拍，她顺畅地、抑扬有致地唱完了，大人们使劲拍手给予表扬，她十分高兴。接下来，同事家的小女孩开唱，大人刚随节拍拍开手，不料刚唱一句，就把后面歌词忘了，顿时愣住，大人都静静地注视着她，小脸憋得通红，大张着嘴想呵想……突然哇地大哭起来。

哎呀，同事两口子一拥而上，搂住孩子连哄带劝，我们也着急帮忙安慰。"不哭不哭，我孩唱得不错。""就是，唱得好哩！""忘了是吧，没关系，重唱。""来，再来一次，一、二、三……"

但那女孩可能自尊心受伤太重了，反而哭得更厉害。

尴尬了，玩不下去，我们带孩子急忙告辞。

在路上，菲菲忽然仰起脸，眼睛睁大盯住我问："爸，她只唱一句，没唱完，你们为什么说她唱得好？"

这认真的口气把我一下问住，竟一时不知怎样回答："哦，她本来是想唱好的，可临时把歌词忘了，所以……"

"哼！笨，是她笨，笨蛋。"

"不许这样说！她不是笨，是紧张而忘了歌词。"

晚饭后，见菲菲玩得高兴，我把她抱在膝上，笑着试图给她讲一些道理："菲菲，今天小妹妹没把歌唱好，可她是你最好的朋友呀。好朋友出了错，咱们只能帮助，不能嘲笑。是不是？"

"不知道！"她竟大叫一声跑了。

唉，其实我当时还想说，孩子，你还小，有很多事情你现在还不能理解，等你长大后才会懂的。这世界上的许多事情并不是一就是一，二就是二，要微妙复杂得多。大人们的世界是一洼池水，也并不总是清澈，有时反而浑浊得很。长期以来，我们提倡"说老实话，办老实事，做老实人"，这很对。可一个人如果总是一根筋，一味地较真，固执己见，坚持到底，不知改变，他会碰得头破血流。所以，有时候人要说一些违心的话，并不是不知道真实可贵，而是，照顾面子，出于同情，这里面蕴含着一个深沉的道理，其实就是尊重他人。可是，这些大人们也很难弄懂的关系，又怎么向一个5岁的孩子说清呢？

我知道，我们遇上难题了，从现在起，必须注意对菲菲进行些品德方面的教育引导，在保证她如雪花一样纯洁天真这一前提下，要让孩子从小就接受慈悲的洗礼，向善靠拢，学会尊重，学会感恩，学会宽容，学会自信。

我们是从讲故事开始的。

在苏联，克里姆林宫，有一次，列宁同志下楼，在楼梯狭窄的过道上，正碰见一个女工端着一盆水上楼。列宁是谁？他是苏维埃社会主义共和国的领袖，国家最高领导人。那女工一看是列宁，慌忙就要退回去给让路。列宁这时说："哦，不用这样，您端着东西已走了半截，而我现在空着手，还是请您先上去吧！"他称女工为您，还把请字说得那么响亮。然后自己靠紧墙，让那女工上楼了，他才缓缓下楼，生怕再次打扰了她。

瞧，这是多么谦卑的品格！

一个大国领袖，见到最普通的人，居然没有一点架子，反而设身处地，给予了真诚的关心和照顾。这是什么？这就是人世间最美好的品德——尊重他人。

世界上一切伟大的人物，都是最会尊重人的榜样。

尊重他人不仅仅是一种态度，也是一种能力和美德，它需要设身处地为他人着想，给别人面子，维护他人的尊严。

我还破例给女儿讲过孟子的一句话："爱人者，人恒爱之；敬人者，人恒敬之。"意思就是，一个人在与别人交往中，如果能很好地理解别人、尊重别人，那么他一定会得到别人的理解和尊重。尊重，就像一个善解人意的小姑娘，她透明的微笑叫理解，她淳朴的心灵叫高尚。

幼儿时期对于一个人未来的发展至关重要，甚至是决定性的。有研究证明，人的大脑发育与年龄的增加呈反比。很显然，人生头几年，是进行快速学习的好时机、关键期。打个比方，孩子幼年期就像一块橡皮泥，你把它捏成方的，它就是方的，揉成圆的它就是圆的。因此，培养幼儿好的品质，养成好的习惯，从小做起、从点滴做起正当其时。而且，幼儿比较听话，好训练，培养各种习惯容易见效。我们做父母的，不能以为孩子还小，不忍心管，或认为"树大自然直"，大一点了再管不迟。其实这错了。等到孩子长大，由于从小没约束，一些坏习惯已经养成，这时想管管不了，想改也难了。老人们常说"三岁看大，七岁看老"，就是这个道理。因此，牢牢抓住这个时间段，对孩子进行良好的思想、品德、生活习惯的培养、训练，其中也包括让孩子学会尊重、学会感恩，就显得非常及时。

懂得尊重，是做人最起码的一种道德要求，是人生必不可少的基本素质。尊重，是对他人人格与价值的充分肯定，同时，亦是赢得他人对自己尊重的基础，所以尊重他人其实就是尊重自己。

自尊就是尊重自己，是一种对自己人格的重视、肯定和爱护。

人与人之间互相尊重，可以让人开心，使人奋进，助人成功。尊重，是一种理解与宽容。千人千面，一人一性，我们不能够要求所有的人都按照同样的方式生活，但你却可以选择。

尊重的基础是自信，一个缺乏自信的人不会尊重别人。

自信是一个人相信自己的能力的心理状态。自信建立在对自己正确认识基础上，对自己的能力有正确估计和积极肯定，是心理健康的一种表现，是学习、事业成功的有利心理条件。正因为自信，所以才会不断发现别人的优点和自己的缺点不足，怀揣谦卑，对任何人和事物保持肯定的态度，学习的态度。

以上是我在为了孩子学会尊重这种美好品德过程中，不断学习、积累的一些心得，但在实际中，这些道理是没有用的，因为孩子太小听不懂。不过，窍门只有一点：把大道理贯彻在日常生活，从小事情一点一滴做起。

孩子喜欢模仿大人的行为举止，所以要想孩子尊重他人，我们做家长的要做好榜样，尤其不要在背地里议论人、说别人坏话。

尊重他人切忌随便指责别人，要教会孩子不可以对别人指指点点，这是很不礼貌的行为。

要特别教育孩子，不可以以人的职业、地位、身份、收入、外貌、身体缺陷等外在因素区分高低贵贱，不平等对待。这是最大的不尊重。

我认为，家长对孩子最容易说的一句错话是："只要你考好，无论什么事都不要你做，你只管学习。"这也是最不负责任的一句话。许多鲜活的事例告诉我们，以考试成绩判断孩子的好坏是极其错误的。有些父母为了保证孩子考试成绩好，完全包揽了一切，从吃喝拉撒，到穿衣出行，事无巨细，无不为孩子精心打算安排。于是，孩子习惯了这种无忧无虑的生存，饭来张口，衣来伸手，容易养成懒惰自私不说，且根本不会考虑、体谅父母与家庭难处，只是一味埋头学习，沦为一只考试虫子。于是，高分低能、学霸即无赖现象层出不穷。

所以，要让孩子学会感恩。

1. 尊重的基因是感恩。

最起码一点，是要让孩子懂得父母养育孩子的艰辛。要让孩子明白，现在他所拥有的生活和条件，是父母、爷爷、奶奶甚至是姥姥、姥爷和亲戚们为他付出了精力、健康，甚至是用生命换来的。尤其是钱，是家长用脑力、体力工作辛苦挣来的，挣钱对每一个家长来说都不是一件很轻松的事。当一个孩子能够怀着一份感恩的心去学习，怀着一份感恩的心去生活、去报答父母，从此他学习和生活的动力和状态，就与你每天撵在屁股后面催逼，效果截然不同。

2. 尊重从家庭开始。

日常生活中，衣食住行到学习、工作，从遵守规则到为人处事，父母都有很多机会教孩子学会尊重、理解什么是尊重。

要听从孩子的想法。很多父母会觉得这么小的孩子，不应该有自己的想法和主见，一切都应听父母安排。其实，无论孩子多小，他都是一个独立的个体，都应该被尊重。父母应该尊重孩子的想法和观点，鼓励孩子独立思考和判断，千万不要轻易打压他的想法和见解。

3. 表达尊重从礼貌开始。

礼貌是尊重别人的一个重要体现。礼貌用语是一种能让人与人之间的交往变得顺畅的语言，也是对别人表达尊重的一种方式。如果孩子身边的人时时处处都讲礼貌，喜欢使用礼貌用语，通过潜移默化，孩子很快就能学会。当孩子不经意间表现出礼貌的言行举止时，家长要不失时机给予肯定和赞美，这会让孩子很开心，进一步强化礼貌行为。长此以往，孩子很容易就学会如何通过礼貌的言行来表达对别人的尊重。

故事 08

跳棋引发的思考——抵御挫败感

是在菲菲上了大班，也是一个星期天，我们全家去个朋友家拜访。这朋友赶起来还是亲戚，平时常走动，相处融洽。巧的是，他家有个女孩，年纪和菲菲差不多，每次来去，孩子玩，大人闲聊，度过愉快时光。

这天两孩子玩跳棋。

但玩着玩着，忽然感觉气氛有些不对了。那菲菲，眉毛垂着，小脸涨得通红，小嘴嘟嘟，眼里泪光闪闪……

原来她今天下的不好，一连输了三盘。

"不好！"我一跃冲过去，菲菲已咧嘴大哭起来。

那是一种撕心裂肺的哭。

大家慌了手脚，拥住孩子七嘴八舌哄，但这女孩似乎伤透了心，哭得根本止不住。

没法玩了。回家路上，这孩子伏在我肩上，不停地抽泣。

挫败感——人类共同的心理疾病，就这样突然扑来，成为小菲菲不可承受之重。

晚上，菲菲睡着，我坐在床边，看着她皱着的浓眉，噘着的小嘴，还有长一声短一声的叹息，特觉得又可爱又可笑。我想对她说，孩子，这才多大个事呀，就把你气成这样！你还是幼儿，还什么也不懂。其实人这一辈子，就是在一连串的失败、一连串的犯错误中过来的。人生就如这跳棋，一步走错，有时满盘皆输。人不可能永远是赢家。在走向牛活的时候，所有的人都必须作好思想准备，接受失败，接受打击，接受挫折，接受压力。

挫败感是受到挫折以后的一种失落感。

表现是个人要求得不到满足，人际沟通受到阻滞，致使成就感、安全感荡然无存，挫折感便油然而生，因此会出现消极情绪，心灰意冷，万念俱灰、悲观、忧郁，甚至还会出现攻击性行为。

挫败感是人人都会经历的。

而儿童心理稚嫩，更容易产生这种精神压力。

产生挫败感的原因是多方面的。

现在的孩子，生活条件实在是太好了，特别是独生子女，那就是事实上的"小皇帝"。从出生第一天起，就被爸爸妈妈、爷爷奶奶当成一块宝玉，"含在嘴里怕化了，捧在手心怕摔了"，娇宠疼爱，无所不及。很多孩子应该动手做的事情，都由家长包办。平时表扬多，遇事哄着来。久而久之，把个孩子宠得走了样，变了形，一切依赖人，根本就没培养一点自己动手、克服困难的精神。性格也特别横，经常是要什么就得给什么，不能马上得到，立刻大哭大闹，甚至骂人打人。这是最底层的挫败感表现。

现在社会、家庭对孩子的评价集中在分数上。孩子很容易形成分数高就自信，分数低就自卑的心理。一些优秀学生在家是父母的心肝宝贝，在校是老师的光荣象征，生活处处是鲜花和赞扬。久而久之，只能听表扬，不能听批评。这种孩子的心理大部分是很脆弱的，稍遇挫折，便情绪消沉，自信丧失，甚至绝望。抗挫力更差的还会走极端，甚至轻生。这是挫败感表现的第二层。

一个孩子在成长过程中，会面对来自社会、家庭和文化的三种心理压力。现在社会高速发展，中国传统文化和西方文化的碰撞造成观念碰撞，孩子们无法面对，无法适应。加之父母忙于应付工作，与孩子相处时间大大减少，自然很少沟通，有些父母还在不经意时就把工作焦虑转嫁给孩子，这些也大大增加了孩子的挫败感。

现在我们的孩子产生挫败感，主要集中于学习不理想、考试不如意，于是学习信心、兴趣迅速下滑。其实很多时候孩子并非不爱学习，而是一想到学习就会联想到考试失败，内心就会涌起一种沮丧和苦恼，觉得自己不行，再努力也白搭。这种自卑感完全不能自控。

治愈这类挫败感，我认为鼓励和奖励非常重要，但千万别和分数挂钩。

父母要重视和欣赏孩子的一点一滴的进步，而不要用成绩、名次和分数作为激励手段，尤其避免对孩子做出"智力""能力"的贬低。父母要教会孩子自我比较和自我奖励，让孩子通过自我比较体验自己的进步。

　　而对于像菲菲这么大的幼儿来说，他们在生理成熟方面比婴儿期前进了一大步，一些简单的事情可以独立完成了，例如自如地行走、用小勺吃饭等等；但是与大孩子相比，他们的生理成熟还是有限的，特别是一些精细动作还不能很好地完成，例如扣衣服上的小扣子、系鞋带、脱套头巾等等。遇到这些我们大人根本不以为是的困难时，孩子最容易产生无助感、挫败感，生理反应是哭，甚至倒地打滚、闹腾。这时候，父母应该提供恰当的帮助。父母首先要明确哪些事情是幼儿可以轻轻松松完成的，哪些事情是需要付出一定的努力才能完成的，而哪些又是幼儿不可能完成的。明确这点后，对于那些轻松任务，家长就应放手让孩子去做，不要剥夺孩子锻炼的机会。对于那些需要孩子付出一定努力才能完成的任务，父母的角色应是充当一名观察者和帮助者：观察孩子为什么会发生困难，发生了什么困难，是否需要成人的帮助，需要多少帮助……总之，做这一切要恰到好处，目的是增强孩子克服困难的信心和决心。

　　挫败感是教育科学研究领域一个很大的课题。抵御挫败感是带普遍性的难题。对幼儿进行挫败教育，需要的是耐心、细心、留心。

故事 09

盯紧唱歌、跳舞、游戏——美育初步

> 找呀找呀找朋友，
>
> 找到一个好朋友。
>
> 敬个礼呀握握手，
>
> 笑嘻嘻呀点点头，
>
> 你是我的好朋友。

我相信，凡是上过幼儿园的人，不管他现在退休还是在职，高官还是平民，贩夫还是走卒，都会永远记得这首或几首我们刚踏进幼儿园就一定学会的经典儿歌。其美妙的旋律，天真的趣味，纯洁的性情，再加上当年我们那般清脆嘹亮的童声，那甜美的歌唱就会时常萦绕耳边，如一只婴儿的手，唤起无数美好的记忆，抚慰我们被生活磨砺变得粗糙的心。

为什么我们可以忘记许多事，却总也忘不掉这些儿时的歌？

是因为我们幼小，孩提的事最容易记住，如初恋一样难忘？

不，不完全是，这些歌给予我们的不仅仅是甜蜜的童年体验和记忆，而是在我们幼小心灵里，滋育了人世间最珍贵的人性：爱与美。

爱让我们的人生阔大。

美让我们的人性升华。

其带给我们的启示是：幼儿美育，极其重要。

这里所说的美育，不是一般的美术教育。准确的表述是：幼儿审美教育。

幼儿美育是以审美形态和美感熏陶幼儿，目的是提高孩子的精神素质，是培养全面发展人才不可缺少的组成部分。中国《幼儿园工作规程（试行）》中规定，幼儿美育目标为：萌发幼儿初步感受美和表现美的情趣。

幼儿美育主要是通过幼儿对周围环境、生活中美好事物、大自然多姿风貌的认知，以及音乐、美术、文学艺术美的熏陶，使幼儿在欣赏美和体验美的活动中，建立起一定的美的观念和对美的感受、欣赏和识别能力，从而获得丰富的想象力，以及一定的理解美和表现美的能力，提高素质，促进幼儿全面发展。

以上两段，只是针对幼儿教育管理部门和教师提出的规定和指导意见，对我们家长和幼儿了解把握的甚少。其实，幼儿美育并不那么复杂，我个人的理解是这样的。

20世纪90年代幼儿教育还相对处在较低水平，小班到大班，课程有所变化，但一般就是三种：生活、健康、文艺。生活和健康是教导孩子自己学会吃饭、系鞋带、上厕所、讲卫生，而文艺其实就是唱歌、跳舞、游戏。幼儿园的工作说白了就是哄孩子玩，玩得高兴，玩得安全。而正是唱歌、跳舞、游戏这三门文艺课，能带给孩子的不只是快乐，且在潜移默化中灌输知识，滋育心灵，与幼儿美育直接发生关系。

1.文艺更宽泛的概念是文学艺术。

文艺对任何一个人的素质提升、真善美观念的培育和追求，起着无与伦比的作用。

所以，在整个幼儿园期间，我们始终盯紧了这三门，督促菲菲还有后来入园的儿子小二，去认真地唱歌、跳舞、游戏，竭力培养他们对文艺的爱好。

2. 在唱歌中感受美。

音乐到底会给孩子带来哪些惊喜？我们很难搞懂，但世界上所有的孩子无一不喜欢唱歌。歌声是一个人来在人间的第三种表达方式，第一种是哭，第二种是说话。

具体到我女儿菲菲和儿子小二，在三四岁时，说话还不能流畅完整准确地表达出一件事情的意思来。让他们学唱歌，只能选择儿歌。开始教他们简单的，越简单越好。

我俩孩子在幼儿园先后学了不少儿歌。有传统的、有本地的、有老师家长编的、有孩子自己在儿歌中加一两句自己想的等等，五彩斑斓，童趣无穷。

小耗子，上灯台，偷油吃，下不来，

吱儿吱儿叫奶奶，奶奶不肯来，

叽里咕噜滚下来。

儿歌一般指向幼儿容易辨识的事物，联系形象，加强认知。

小老鼠，搬鸡蛋，鸡蛋太大怎么办？

一只老鼠地上躺，紧紧抱住大鸡蛋。

一只老鼠拉尾巴，拉呀拉呀拉回家。

小宝宝，学画画，大蜡笔，手中拿。

画小鸭，叫嘎嘎，画小马，骑回家。

小汽车，滴滴滴，开过来，开过去。

小宝宝，当司机，送妈妈，上班去。

一闪一闪亮晶晶，满天都是小星星，

挂在天空放光明，好像许多小眼睛。

弯弯的月亮小小的船，

小小的船儿两头尖，

我在小小的船上坐，

只看见闪闪的星星，蓝蓝的天。

我俩孩子在幼儿园学会了几十首儿歌，奇妙的是他们与小朋友们一起，也许是他们自己编的，或在原有儿歌中诌加一两句自己歌词的顺口的小儿歌。记得其中两首是唱我的，还有一首是献给爷爷的。

爸爸的头像皮球，一脚踢到南大楼，

南大楼卖皮球，皮球就是爸爸的头。

拉大锯，扯大锯，姥姥家，唱大戏，

接闺女，接女婿，小外孙子也要去。

妈妈去，姐姐去，就是不让爸爸去。

小板凳，你莫歪，让我爷爷坐下来，

我帮爷爷捶捶背，爷爷说我好乖乖。

儿歌是幼儿成长的摇篮，是孩子们的专利。

在无数个夜晚降临，华灯初上的时候，我们当时还很简陋的宿舍，准时就会飘起菲菲脆生生的歌唱。那嫩嫩的清清的声音如天籁一般，陶醉着我们的女儿，也甜美着我们两口子的心。

3.在舞蹈中感受美。

教育部于2001年颁布的《幼儿园教育指导纲要（试行）》中指出，随着幼儿教育改革的不断深入，幼儿园艺术教育越来越受到重视，而幼儿舞蹈教育作为幼儿音乐教育中的重要组成部分，越来越受到家长和孩子们的欢迎，成为对儿童进行德、智、体、美综合教育的重要手段。对儿童的身体素质、情感、审美、注意力以及身心健康等方面，有着十分重要的促进作用。

幼儿舞蹈，至少在以下方面直接塑造儿童。

（1）形体优美。正处于快速生长发育时期的孩子，经过舞蹈训练，如 挺胸、抬头、收腹等，能使他们站得直，形体优美，并且可以纠正驼背等形体问题。

（2）动作协调。舞蹈需要全身各部位的配合，通过音乐与舞蹈动作的和谐，达成协调性训练，使孩子获得节奏感。

（3）肢体灵活性、柔韧性。由于经常练习如压腿，劈叉，下腰等动作，孩子的柔韧性、灵活性得到加强。

（4）锻炼毅力。从基本功开始训练能培养孩子不怕吃苦的精神，磨炼坚强意志。

（5）提高身体素质。舞蹈需要一定的体力消耗，停止练习后能促进孩子食欲、增强消化机能，提高身体抵抗力，减少生病机会。

（6）提高合作能力和集体荣誉感。舞蹈有独舞，双人舞，集体舞，只有配合默契才能表演好，由此训练了孩子们的合作精神，养成自觉遵守规则、纪律，协作的观念。

（7）培养审美能力。舞蹈是通过音乐、动作、表情、姿态表现内心情感，使孩子在潜移默化中受到艺术表演的熏陶，从而热爱生活，欣赏美、体验美。

（8）培养自信心。舞蹈演出能培养孩子的表演能力，表现力越强，越能增强自信心，奠定好的心理素质。

（9）培养孩子的想象力。舞蹈是通过形体、动作、眼神来表现的，在跳舞的过程中能激发孩子的想象力、创造力，尤其是自编自演 的作品，更能促进孩子智力发展。

儿童都是天生的艺术家。

如何引导孩子发挥天性，成长为具有非凡创造力的人，则是幼儿舞蹈的一个隐形功能。

在游戏中感受美

游戏是孩子们最喜欢也最适合幼儿年龄特点的一种活动，其特点是把唱歌与舞蹈融合，既唱了歌，又跳了舞。常见的几个小游戏，最能体现这个特性。如在中国小到三岁孩童，大到百岁老翁，几乎人人会唱的《两只老虎》：

两只老虎，两只老虎，跑得快，跑得快，

一只没有耳朵，一只没有尾巴，

真奇怪，真奇怪。

还有《拍手歌》：

你拍一，我拍一，一个小孩穿花衣。

你拍二，我拍二，二个小孩梳小辫儿。

你拍三，我拍三，三个小孩吃饼干。

你拍四，我拍四，四个小孩写大字。

你拍五，我拍五，五个小孩敲大鼓……

菲菲（右）4岁时与妈妈去西安，唱着《小兔子乖乖》跳着舞，于钟楼留影

再有《小兔子乖乖》：

小兔子乖乖，把门儿开开，

不开不开，我不开，

妈妈不回来，谁来也不开……

当一群幼儿围在一起，连蹦带跳又唱又舞，尽情地表演这些节目时，孩子们内心里那些天真，那些快乐，那些纯洁，那种对美的体验，就自然而然地得到升华。是美让他们记住了这些儿时的游戏，并终生难忘。

美，住在孩子们的心里。

为什么幼儿美育如此重要？这是因为艺术创造活动并不只是动手画画、写字那么简单，它是需要动用眼、脑、手等综合器官协调合作的一种全方位思维的创造活动。一个人童年时期就养成细致入微的观察力、丰富的感悟力以及新奇的创造力，无疑将决定他们的未来。

在整个幼儿园三年，我们始终盯紧文艺一门课，督促两个孩子认真唱歌、跳舞和游戏，用小小心灵去体验美、培育美。我们现在也还没弄清美与学习究竟是怎样一种联系，但至少，这三年的美育，一定程度上促进了孩子们后来的学习进步及较全面平衡发展。遗憾的是，我们两个孩子艺术细胞匮乏，后来都不怎么会唱歌，也不大会跳舞。但万物皆美，当他们把对美特别的敏感渗入数学、物理、化学，其中产生的灵感和乐趣不言而喻。

故事 10

不可小看讲故事——儿童启蒙的必由之路

在培养教育孩子过程中，我自以为最有成就感的一件事，是我在先后长达七八年时间里，基本上做到了每天晚上给孩子最少讲一个故事。开始是女儿，后来是儿子，我讲得认真，讲得辛苦，讲得很累，讲得有时讲不下去——我深深体会到，坚持给孩子讲故事其实是世界上最不好干的一个工作。

故事是儿童成长的保姆。

故事是儿童启蒙的必由之路。

古今中外，世界上许多伟大的作家、艺术家，在他们功成名就、享誉世界，回顾自己走过的创作道路时，无不谈及并虔诚地感激童年时代所听过的那些美妙的童话，灿烂的故事。

在苏联，伟大的高尔基，晚年依然不能忘怀外祖母那充满奶酪和土豆味儿的温暖怀抱，正是外祖母讲述的那些故事，促使他走向文学，获得无穷灵感。

而在我国，诗人艾青则是把对儿时听母亲所讲故事产生的热烈情怀，直接写进了他的不朽名作《大堰河——我的保姆》。

我在年轻时，曾经读过许多故事或名人自传。这些在人类思想史上刻下不朽名字的人们，他们充满传奇的经历，尤其是童年的经历，不仅滋养了我的求知欲望，也给了我深刻启示：当我将来有了自己的孩子时，我一定为他们好好讲故事。于是，我们的菲菲，我们的小二先后诞生时，我已悄悄开始准备，计划着如何兑现当年那个愿望。

有这样一句话"孩子是生活在故事里的"。幼儿的世界单纯、可爱，他们喜欢各种有趣的故事，并且喜欢把身边的事物都当成故事。3~6岁的孩子对故事更是充满兴趣，只要你把故事讲得生动，孩子肯定会老老实实躺你怀里把故事听完。孩子3岁以后，物我开始分化，开始对人的故事、有关自然、社会方面的知识性故事进行选择。

我前后给俩孩子讲故事，大体上分为三阶段：

开始选择一些简单的童话。

孩子再大些，故事就可以相对复杂些了。

孩子听多了故事，就可以鼓励她创作，自己编故事。这时孩子也成为讲故事者。

从上幼儿园之前稍早开始，到小学一二年级，俩孩子前后近十个年头，我一共给孩子们讲了多少故事呢？没有准确统计，1000个应该是够的。这些林林总总，五颜六色，奇奇怪怪的小故事，给我们的菲菲、小二带来多少教益？这我说不好，也说不清，但明显地，孩子们变聪明了，说话流利了，做事利索了，懂得关心人了，喜欢干家务事了。而我，也在这漫长的讲述过程中，汲取了更多的知识，心变得柔软而温暖。

开始，必须是最简单的故事，一般很短，趣味性高，知识性浅。这些书要从书店买，许多个星期天，我差不多都带着孩子在新华书店里泡着，与孩子们一起搜寻他们喜欢的读物。这个找书过程，孩子精神振作，特别主动。《小猫钓鱼》《乌鸦喝水》"狐狸要吃乌鸦的肉"——这是我瞎编的标题，为了使孩子一听生动直接点，其实是古希腊《伊索寓言》里《狐狸和乌鸦》的故事。

差不多过了半年吧，小童话已不能满足孩子的兴趣，我着手开讲成语，一本《汉语成语故事》不知翻了多少遍。但并不是所有成语都适合孩子听，所以选择很费脑筋。《黔驴技穷》《亡羊补牢》《刻舟求剑》《邯郸学步》《图穷匕见》等等。这些成语故事，大多在讲完之后，孩子在基本理解故事、知晓情节的基础上，我们都要编为游戏与孩子共娱共乐，进而加深孩子对成语内容的记忆和理解。如：《狐假虎威》儿子扮演狐狸，我扮老虎，妈妈或其他小朋友扮其他野兽。儿子大摇大摆、装腔作势走在前面，我疑心重重、小心谨慎紧随其后，其他像兔、狼等类的野兽，看见狐狸、老虎匆匆而逃，儿子更显得得意扬扬、不可一世的样子……特别好玩，乐的大家捧腹大笑。再后来，孩子听成语听多了，也玩多了，没有起初时的兴趣浓了。我开始引进外国童话，首选自然是安徒生。这位丹麦作家的故事，先后带给了俩孩子更多惊喜更多亲切。《海的女儿》《丑小鸭》《卖火柴的女孩》《皇帝的新衣》——讲这些故事，我尽可能选出好的情节和段落进行朗读。因为，安徒生的语言实在太美太美了。接着，又选择了《格林童话》，这本童话故事书由德国二位语言学家格林兄弟收集、整理、加工完成的，里面约有 200 多个故事，它是世界童话经典之作，格林兄弟以其丰富的想象、优美的语言给孩子们讲述了一个个神奇而又浪漫的故事。像类似《灰姑娘》《白雪公主》等故事，女儿特别喜欢听；像《小红帽》《青蛙王子》等儿子则更喜欢听。还有《小矮人与老鞋匠》《玻璃瓶中的妖怪》等情节曲折、惊险奇异、变幻莫测更是吸引孩子们。童话的世界五彩斑斓、神奇奥妙，是幼小心灵不可或缺的精神食粮。

差不多讲了几百个，孩子已深度浸润，能够联想，流利复述。这时我督促孩子创作，自己编故事，讲给爸爸妈妈听。还记得小菲菲编了不少，但都是小孩子的奇思妙想，荒诞不经，也就忘了啦。但不久，菲菲根据我讲的《小猫钓鱼》创作了同名漫画在省城《娃娃画报》刊出，完成了她首次成功的尝试，变得开朗、自信、活泼、上进，特别爱笑。

儿童故事，何以给人带来如此大的启迪和改变？

1. 讲故事可以提高孩子情商，更早地介入社会化。

3~6 岁幼儿的故事里，一般会蕴涵许多社会性主题，例如友爱、勇敢、同情心、判断力、礼貌等等，这些，都是孩子逐步走向社会、走向生活的必须加注的营养，幼儿时期就开始学习辨识"真善美丑"，对他们将来的人生之路走得稳当，情感生活处理妥帖大有裨益。

2. 讲故事可以启发孩子的想象力。

讲故事是通过文字符号来描述事物，许多东西孩子并没有见过。即便是见过，孩子也没有复杂的概念建构和理性综合能力，顶多是记住某种形象、特征。孩子领会文字叙述的过程本身就是一个想象的过程，袋鼠、企鹅等许多并不常见的动物，他们会记住他们的特征，想象他们的形象，试着理解他们。

3. 讲故事可以培养孩子的语言能力。

给孩子讲故事最好使用恰当的儿童语言，所谓"儿童语言"，并不是指"吃果果""看车车"这一类的"娃娃腔"。这类语言不但语法混乱、用词不当，而且长时间使用不利于孩子的语言接受和发展。真正的儿童语言，是用浅显的语意、短小的句式、丰富的感情，生动的表达、富于启发性的话语。使用这样的语言要尽量减慢语速，要说清楚每一个字，并启发孩子多做联想，以此来活跃幼儿的思维，接受正常的说话方式与能力。

讲了 1000 个故事，我肯定积累了相当厚的经验，细说没必要，以下 3 点很实用：

1. 不要怕重复，因为重复才是记忆的基础。

孩子的记忆力相当惊人，有时我只讲了一遍的故事，菲菲就能跟着复述了，这是非常重要的语言表达能力的培养。

2. 讲故事之前，我先浏览一遍。

有时要认真看几遍，用自己的语言完整表述出来才行。最好不边讲边看，那样可能会破坏孩子听故事的兴趣和故事本身的价值。

3. 故事讲完之后，孩子总是意犹未尽，要你再讲。但必须睡觉了！

这时候我常说些温馨的话安慰让孩子慢慢地脱离故事情节，安然入眠。如不这样，孩子睡不踏实，说不定会一晚上做梦——梦见大灰狼。

我俩孩子是听着故事步入小学的。

附录（一）

孩子上幼儿园的几点体悟

　　幼儿园教育只有 3 年，但却是人生开端最关键的时间段。其极端重要性不言而喻。因为在这短短 3 年，恰恰是孩子大脑细胞最为活跃，最为灵活和脑体系加速健全以及认知、性格、观念初步形成的关键时期。如果家长不能认清这一问题，而有所忽视，那么，将导致孩子此后一系列学习甚至人生，造成不可逆转的结果，可谓一朝轻慢，贻害终生。

　　幼儿园教育必须重视。每个家长都应该做出积极努力、研究和付出。

　　在陪两个孩子上幼儿园期间，我们夫妻早送晚接，日复一日，紧紧张张前后度过了 1000 多天。其中甘苦，其中艰难，其中情形，其中之复杂，真是感受多多，体悟多多，有些深刻的经验、教训至今仍在脑子里挥之不去。现在回顾总结，有那么几条值得反思，就写下来，供参考。

　　美国大亨扎克伯格曾在他的小女儿出生时，给她写过一封著名的信。信里有这样两句话，让我至今记忆犹新："这个世界早晚需要你们来严肃对待，正因如此，抽时间走出家门去玩才是很重要的""孩提时代是富有魔力的，你只有一次做孩子的机会，因此不要把时间花在对未来有过多的担忧上"。

　　他不希望自己女儿早早地就经受那些挫折和考验，而能还给一个温暖快乐的童年。

然而，并不是所有孩子都是快乐的。

或许就在上幼儿园开始，天真也就一点一滴地离他们而去了。

况且，他们中的大多数第一次走进幼儿园是以哭开始的。

如何让孩子适应幼儿园

一是要破除入园焦虑。

上幼儿园是孩子实现社会化的第一步。如果孩子总在家里，接触的人很少，除了爷爷奶奶就是爸爸妈妈，顶多有邻家的孩子有时来玩一会儿，而孩子需要在群体中才能慢慢地形成更清晰的自我概念。所以，进入幼儿园学习是必须要走的第一步。但是，平常在家，被全家人宠着，宝贝一样捧在手心里，可谓关怀备至。现在，突然要离开舒服的家，必然会产生各种各样的不安和焦虑。有的会大哭大闹，撒泼打滚，甚至绝食，以示反抗。

这差不多是孩子的普遍反应，称为入园焦虑症。

这时，家长要有充分的心理准备，面对孩子的逆反行为，我们自己首先不要焦虑，不要反应失常，更不要溺爱、舍不得孩子，并且对孩子要有信心。家长必须明白，孩子总要长大，总要离开父母的。

而这仅仅只是第一步。

于是，有无耐心成为对家长的考验。

在上幼儿园之前，我们要多多讲，多多安慰，要让孩子明白，小朋友都是要上幼儿园的，幼儿园很好玩，可以唱歌、跳舞，可以玩各种玩具，能结交很多好朋友，还会有很多好吃的东西，等等。同时，可以带孩子到幼儿园参观，看看小朋友们在幼儿园学习、活动的情景，这时，孩子往往会产生羡慕，对幼儿园有了自己的憧憬。这一步工作做好了，下面的进展大致就会顺利。要谨记，绝对不能对孩子说："你不听话，就送你上幼儿园！"这样，就好像把上幼儿园变成了一种惩罚，孩子更加畏惧。同时，要给孩子讲讲幼儿园的规矩，上幼儿园都做些什么，能做什么，不能做什么，让孩子心里有所准备。

哄也罢，安慰也罢，孩子终于肯跟你走了，去上幼儿园。

可是，到了门口，孩子却突然大哭大闹，死活不肯进去。面对孩子的哭声，我们应该如何应对，是坚持还是妥协？一般有两种反应：一种是孩子一哭闹，家长就心疼了，然后就顺从了孩子，回家。还有一种是，父母态度过激甚至训斥："哭什么哭！闭嘴"。这两种反应其实都不可取。作为父母，在孩子哭的时候，首先还是要理解孩子的情感，至少要让孩子知道爸爸妈妈特别同情他，理解他为什么哭。这是做家长和做老师不一样的地方。其次，就要控制孩子的行为。"你哭了，爸爸妈妈很理解，但是也没办法，幼儿园还要上，这件事必须这么办。你要是想哭就再哭一会儿吧，我们等着。"往往，孩子听了会慢慢地不再哭，这时就需要抓住机会尽情地安慰孩子，鼓励孩子。做到这样，一般孩子也就不会再用哭闹来威胁父母了。

二是要鼓励孩子学会自理，学会表达需求。

孩子上小班还是会经常尿裤裤的，有的想尿尿却不会说，感冒流鼻涕也不会擦，鞋子穿不好，都需要老师帮忙。因此，提高孩子自理能力，让孩子学会表达，是父母的任务，老师不能取代。即使没学会，也没有关系，但要经常对孩子多说多讲，直接示范，时间久了就会有进步，再久些，也就不成问题了。千万注意：不要对孩子要求太高，不要觉得自己孩子笨，更不要训斥孩子。

作为家长，要坚持接送孩子上幼儿园，风雨无阻，始终如一，除非孩子病得比较严重。要让孩子知道这是爸妈必须做的一件事，就像他们要上班一样。长期坚持下来，甚至会让孩子产生一种生理反应，极大地加强孩子的安全感。

我们的任务不仅是接送，把孩子交给老师就完了。还要与老师建立沟通机制，经常了解、掌握孩子在园的情况，以便及时发现问题，做出调试、修正、安排。

孩子在刚入园时候，不光是孩子不适应，家长的心态也在转换。从家里百般呵护转到一个自己不能掌控的陌生环境里，家长肯定会牵肠挂肚，产生焦虑。所以，这也是家长的成长过程。因此，尽可能上几天亲子课，让自己和孩子都有个适应和过渡期。

要调整、形成一套科学的作息时间，保证孩子有很好的精神状态、身体状态。我们家的作息时间主要是围绕先后两个孩子安排的。

晚饭后6点左右，散步1小时。

7点到8点，菲菲自己玩玩具。

8点（定闹钟）洗漱，吃夜宵。

9：00~9:30 睡前讲故事、读书。

9:30 准时睡觉。

时间一到，马上拉窗帘，关门，熄灯，家长带头上床。有时孩子不高兴，表示还要读一会书，我们当即告诉她，不行，这是规则，就像红灯停绿灯行，睡觉时间到了就不能再玩，不能再开灯。

最多一个星期，全家就适应了。

这套作息制度，当孩子不在家时，我们会做调整，主要是晚上，会推迟一个小时睡觉，总的讲我们执行作息时间基本成了习惯，坚持了二三十年。

孩子上幼儿园，是融入集体生活、走向社会的第一步，是人生的起始，其重要性不言而喻、不可掉以轻心。但是，正因为这是一次脱胎换骨般转变，其过程、其困难、其问题都是以前不曾遇到，自然一切都显得非常不适应。所以，要有一个调整、磨合、适应过程，可能是两个星期，也可能是一个月，或者更长时间。我们做家长的千万不能着急，要科学、理性地对待、处理这次孩子人生转换，理解孩子，只给予鼓励，不可以哄骗、吓唬，让我们的孩子永远怀着快乐和天真，去适应、去进步、在幼儿园健康成长。

培养良好习惯不是一朝一夕

孩子走进幼儿园，只有几岁，小娃的脑子还是一张洁白的纸，在上面写什么字，作什么画，如何精心规划，就全看老师和家长了。我以为，从这么小年纪就开始培养孩子良好的生活习惯，不仅关系整个幼儿园学习、生活，甚至关系孩子今后的人生。

我们对两个孩子的生活习惯的培养，是从两方面入手的。

首先是习惯层面的。让孩子确立正确的时间观念，按时吃饭。按时睡觉、按时玩、按时读书学习。也在这时，我们刻意要求孩子学习做一些简单的家务，让他们体会父母的辛苦，这可以增强孩子的自信，从而把自己当成家庭的一员。比如吃饭时，安排她给大家分发碗筷、餐纸。平时把地板弄脏了，那就让他们自己主动清扫。玩完玩具了，要让他们自己规整，放回原先的位置。上完厕所，要主动把手纸扔进垃圾桶。当然，一个三岁的小孩子做这些，只能是模仿，差不多都做不好，但无论他们做什么，做成什么样，我们肯定都会对他们竖起大拇指，"菲菲（小二）好样的！真棒！"

其次是精神层面的。现在的孩子，是整天泡在蜜罐里的，享受着全家人无微不至的关心和呵护，心理上很容易滋生自私、独断、不容易接受分享。如不尽早扭正这种恶习，那可不得了！作为家长，我们必须防微杜渐，及早下手。我们对两个孩子，能够做到的是以下几点。

每次带他们去玩，我们一般都会带很多小零食、玩具，让她和邻家的小朋友分享，有时鼓励她把小时候的玩具送给小弟弟小妹妹。这样子，是教孩子从小懂得关心他人，珍惜友谊。当小朋友收到礼物，对她表现出感谢时，孩子都很开心，产生成就感。

有时带他们去亲戚朋友家串门，我们都不会空手。每次，总是让他们亲自选择礼物，或水果，或点心，尽量选好的，让孩子提着去，这些事女儿做得较好。当然，亲戚朋友们都会表示感谢，拍拍孩子的小脑袋，夸她真乖。可以说，这都是小事情，但正是在这细微处，体现着人与人之间的关爱，友情。

女儿菲菲做事比较细心，偶尔，家里有人生病了，我们要求菲菲值班，让她按时量体温、倒水、监督吃药。往往，菲菲做得很认真、很负责。通过这些小事小细节，是要让孩子从小懂得感恩。

春秋换季时候，给孩子买鞋买衣服，我们一定带上孩子，让他们亲自挑选，大小、颜色、价钱，自己事情自己做主，并要求他们学会和售货员交流，然后由他们付钱。你想，一个3~5岁孩子，能主动担当自己事务，不只是学习怎样面对和处理日常生活，更主要的是培养孩子的独立性，自立自强。

要和孩子多多沟通，经常聊聊最近的新闻，还有幼儿园发生的事情。例如当时的果丹皮中毒事件、小孩被拐骗事件等等。聊完，不能就结束，还要听听孩子自己的想法，有时，孩子的想法非常奇妙。

逢年过节或生日，一般都要给孩子买礼物，我们不会买上东西送给孩子，这样处理太简单。而是，要求他们想，喜欢什么，要什么，并大胆说出来。礼物不重要，重要的是过程。要让孩子明白，投其所好才是真诚，体现的是关切与真爱，这或许是最好的礼物。

我一向觉得，孩子应该在简单的环境中成长，享受他们无忧无虑的童年。玩，是孩子最喜欢的活动方式，也是最佳的教育方式。在玩的过程中，不仅能够让孩子获得无尽的乐趣，还能够学到各种知识，让孩子感受成功的喜悦和失败的苦恼。所以。鼓励孩子多多玩，多陪孩子玩，不要停留在简单参与，而是热情开放，分享孩子的部分天真和乐趣。

我不大看重幼小的孩子能学到多少文化，多少知识，不要揠苗助长，不要做超出规律范围的预期。我们平常关注的，是俩孩子的身心健康，让他们懂得自尊、自强、自立。我期望中的孩子，是一个富有爱心、懂得宽容、善于团结的孩子。所以，平时我们鼓励、催促她能多参加活动，去和小朋友玩到一块儿，笑到一块儿，在沟通和交往中培养他们的社会交往能力、心理承受能力。我觉得幼儿园时期，是孩子性格初步形成的关键期，让他们积极融入群体生活，有助于孩子精神层面的多方面搭建。

我们夫妻俩非常注重两个孩子独立人格的培养。孩子成长过程中，教育至为重要，但教育离不开尊重，尊重不等于纵容。平时，我们把他们当作一个朋友来看待，遇事不急于下结论，而是务必多听听孩子的想法，和孩子一起商量，研究解决办法。家长决不能做的一件傻事是，常常用我们大人的观念、思维方式，去规定孩子。更不能用家长的地位和权威去压制孩子，阻碍他们思想。在我们家，俩孩子有自己的独立空间，很早就学会刷牙、洗脸、穿衣等。"自己的事情自己做"，这是我们从他们很小就坚持灌输的观念。得益于此，俩孩子学会了独立思考，也显得懂事一些。

父母是孩子最好的老师，但这老师要学会多多向孩子"请教"。

孩子在一天天长大，有了独立的思考，有了特殊的自我。这时，父母要摆正心态，不能因为是家长就让孩子无论干什么都听从你的，要民主，要倾听孩子的想法，把孩子当成朋友，平等相处。尤其小朋友在一起，发生争执和冲突是经常的，遇到这种情况，必须耐心倾听，不急于解决，更不可不分青红皂白，立刻表态，就训斥，就打骂，这是十分恶劣的，后果严重。因为我们平时总要求孩子不打人，不骂人，不说脏话，不做过激行为。可我们为什么做不到？大小事情，总要分个对错，要讲道理，让孩子自我认识，独立判断，错了就改正，对了就坚持，这才是正确的教子之道。

养成孩子良好的生活习惯，不是一朝一夕的事情，需要长时间的雕琢、打磨，要和风细雨，要润物细无声，更讲科学，讲方法。在幼儿教育过程中，家庭和老师扮演角色不尽相同，但重要性不分彼此，只有通力配合，才能促进小朋友健康、快乐地成长。

必要的挫折教育

什么是"挫折教育"？可能很多家长不了解，甚至听都没听过。所谓挫折教育，是指孩子在受教育过程中遭受一点不是出于刻意安排的打击、挫折，俗话就是碰点壁、吃点亏、受点苦，沁水话是让他"不高兴、吃点枞司（苦头）"再说通俗些，就是不能一味听他的、惯着他、由着他，而有时要逆着他，不能让他总是那么痛快。

一个典型的例子：孩子偶尔跌倒了，大人一片惊慌呼叫，急忙把孩子抱起来，摸脑袋，拍脊背，心疼死了，"我娃恓惶死了！不哭不哭……"而挫败教育是：你摔倒，你自己爬起来，坚决不扶，哭也没用。

一件事情，两种处理，后果不同，天壤之别。

这个挫折教育好，我十分赞成。

为什么呢？因为现在的娃娃，特别是独生子女，实在太幸福啦！从出生那天起，就爷爷疼着，奶奶掐着，爸爸爱着，妈妈护着，好像一块宝玉，含在嘴里也怕化了。再加三亲六姑一律夸着，如此氛围里成长，就把个小家伙弄成了"小皇帝"。再大些，吃最好的，穿最漂亮的，用最称心的，饿了只管张嘴，冷了只管抬手，吃最好的，玩最好的，养一个孩子就是使劲砸钱，娇生惯养，宠得不像样子。渐渐地，这小孩差不多就成了"小霸王"，要啥给啥，稍不如意，就大哭大闹，撒泼打滚。最可怕的，是此时这孩子的心里，早把世界上一切全视为他一个人的，除了他，别人不算。

极端的自私由此养成，这才是最为可怕的。

所以，适当地来一点挫折，把那个横劲儿往回扭一扭，把那个狠劲儿往下挫一挫，让他懂得，这世界并不完全是他的，还有比他厉害的，不能想干什么就干什么，想要什么就有什么。否则，由着其性子往下发展，脱缰野马，成人了不说会坏事做尽，至少是在社会上没法混。

这就是挫折教育的必要性。

所谓"吃一堑长一智"。

常说"不吃苦中苦，难为人上人"。

还有"生于忧患，生死安乐。"

我们老祖宗在很早时候就用智慧阐释了"挫折教育"。

最早提出这种教育方法的是个苏联人，名叫马卡连柯，伟大的教育家。此人当过老师、任过校长，曾在"少年违法者工学团"工作了8年，从事问题少年教育工作，把3000多名流浪儿和违法青少年改造成为社会有用人才，写有三大卷专著《教育诗》。记得我考入山西大学教育系就读时，系里老师曾建议读读这个专著，披阅二载，深受教益。

在书里他说：在教育过程中，对受教育者进行合理而恰当的惩罚不仅是合理的，而且也是非常必要的。经历一定的挫折，对形成孩子的坚强意志是有益的。

无数事实也证明，人类史上一切成就伟大事业的政治家、军事家、科学家、作家、艺术家以及各个领域在历史中做出杰出贡献的翘楚，无一不是踏着荆棘甚至血迹勇敢探索，向前奋进，经历了人们难以想象的困难、痛苦、忧患、挣扎，才建树了丰功伟绩，名垂青史。

我国伟大的思想家孟子曾对此做出精辟的解释："故天将降大任于斯人也，必先苦其心志，劳其筋骨，饿其体肤，空乏其身，行拂乱其所为，所以动心忍性，曾益其所不能。人恒过，然后能改。困于心，衡于虑，而后作。"翻译过来就是，上天要把重大责任降落在一些人身上，一定要先使他的内心经受痛苦，使他的筋骨极端劳累，使他经常忍饥挨饿，使他饱受贫困之苦，使他做事颠三倒四，总不顺遂。通过这一系列剥皮剔骨般的折磨、摧残，终于使他的内心无比强大，使他的性格坚定如铁，激发起他的雄心斗志，增强他常人难以企及的才干，终于成就大事。

这些事例和道理告诉我们，让孩子从小就吃点苦、受些屈，不要总是惯着、宠着，要敢于对孩子说不，适当给些必要的挫折，是有益的。但这里有个原则，就是决不能刻意为之，更不能动粗，而要顺其自然，所谓"棒下出孝子"是不对的。孩子就是孩子，才几岁，饿了不给吃，渴了不给水，想玩不准，想睡又逼其读书，稍有违逆，就板着脸一顿训斥。这样子，就不是什么挫折教育，而是虐待了。久而久之，事情走向了反面，压迫着孩子的性格逐渐内向甚至自闭，那损失就不可挽回了。

进行挫折教育时，我们要注意适度和适量，过犹不及。过度的挫折会损伤孩子的自信心和积极性，使孩子产生严重的挫折感、恐惧感，最后丧失兴趣和信心。而适度和适量的挫折能使孩子自我调节心态，正确地选择行为。当孩子遇到困难时，要引导孩子从自己方面找原因、想办法。当孩子一次一次通过自己努力解决问题后，就会变得勇于面对困难，而不是逃避与畏惧。因为他知道，通过自己的努力是可以取得成功的。要有意识地人为制造一些挫折。因为有些孩子家庭条件比较优越，孩子从小顺风顺水，遇到挫折的概率很小。这种孩子在顺境当中能够发展得如鱼得水，而一旦遭受挫折，很容易丧失自信，一蹶不振。

成功的过程就是不断面对困难并克服困难的过程。

挫折教育是孩子成长的阶梯。

父母不能总是惯着孩子，娇宠孩子，否则对孩子不利，最可怕的一点是不断加固孩子的自负心理，从此自我中心，骄纵放任，目空一切，沾沾自喜，人格裂变，走向深渊。

那么怎样对孩子进行挫折教育呢？

在家评价孩子表现时，对的、错的、好的、坏的都要把握分寸适时客观评判，也不总是说"你真棒""你太聪明了""真是厉害呀"这些笼统话，虽然这话让孩子当时感觉比较舒服，有优越感，但总在一种沾沾自喜的氛围中，对孩子并不利。评价孩子应具体、有针对性。比如搭积木，发现搭高了，就要及时指出："你搭得比较高了，不协调，容易倒，重来吧，再整齐一些更好。"对孩子说话其实很讲究的，原则是实事求是，适当表扬孩子的优点，但不回避缺点，不要害怕孩子听了不高兴，这是挫折教育的重要组成部分。要直面孩子的失败，不泼凉水，而要鼓励。

挫折教育是个复杂的话题。说清楚不容易，做起来却不难。

　　我可能是一种不自觉的觉悟吧，当时也不晓得什么挫折教育，而是凭直觉，摒弃了娇生惯养，拒绝溺爱，让孩子从小就感受到一种压力，在自然中成长。所以，我们的女儿马菲菲，我们的儿子马笑天，从小就培养起自强自立的意识，这对他俩后来的学习、成长带来一定的好处，促使他们的求学之路走得正、走得坦、走得平稳而踏实。

第三章

养习惯（小学教育阶段）

故事 11

基础的基础——把字写好

1994 年 9 月，菲菲结束了幼儿园生活，入学沁水县实验小学，开始了一年级学习。9 年后，2003 年 9 月，我们的儿子马笑天也进入实验小学就读。

进入小学，意味着一个人一生中正式接受教育的开始，此后将陆续完成小学 5 年（我俩孩子上小学当时是五年制）、初中 3 年、高中 3 年共计 11 年的中、小学教育学业。

如果说幼儿园的主要任务是玩耍，那么小学生的主要任务就是学习，以学为主。

这里，有个身份转换，但孩子们大多懵懂，不会产生什么仪式感，就稀里糊涂地成了小学生，并不能马上感到这里与幼儿园有什么不同。但作为家长，就必须正视这次转变，从思想上认识到，这是孩子生命历程中一个重要的节点，我们面对的问题将不再是幼儿园那么相对简单，需要学习、研究的东西会更多，特别是一些完全陌生的东西，如何面对、理顺、安排好一个小学生的学习、生活，就紧迫而不可回避地提上父母新的日程。

在当时，我是意识到了这些的。虽然并不清晰，但我还是毫不犹豫地选择了入学以后的第一步，也可以说是小学教育首先树立的目标：

把字写好。

这是出于自己亲身经验。

我的小学是在故乡柿庄张村小学上的。当时，我们的老师对于学生写字这件事抓得很紧，几乎到了严酷的程度。他告诉我们，"话是开山斧，字是出马枪"。一个学生娃，如果连字也写不好，那你这学就白上啦！记住，把字写好，只有一条：横平竖直。正是在他锲而不舍监督下，我们那个年级的孩子，字写得都相对好。

于是，我把当年我那老师的做法完全复制到了两个孩子身上。

其要求是：坚持每天写一页，无论什么情况，这制度雷打不动。写完一本，再换一本。究竟写了多少个作业本子，真记不清了。坚持横平竖直，中国汉字的基本形态，就是由横与竖两种笔画结构的，其他折、捺、撇、勾等等，也只是横竖的变形。掌握了横竖，也就是掌握了写字的诀窍，只要下功夫练，一般都能写好。

其做法是：孩子每写一页，由我评价打分。开始40~50分，每周或十天半月分总要打得有所提高，让孩子觉得有进步，激发写字的兴趣，提高写字的主动性、积极性。等写完三四个本子，差不多就能打70-80分了，说明已有明显成效。有时候，孩子写的不专心，走神，瞎胡地写，这总是出了问题。去问，常是与小朋友拌嘴了或吵架了。好，情有可原，可在原分数上适当加一些，以示鼓励。

其经过大致可分为三个阶段：①我写样板字，孩子们照着描；②不断从外面买印刷体样本，指导孩子摹写；③撤掉样本，激励孩子默写。

那时，还没有如今这样多的写字模板、模具。多少个夜晚，无论寒暑，我的菲菲、小二埋首灯下，写得认真，练得辛苦。两孩子每天练字，约坚持写到小学三、四年级。

　　写字是语文学习的起始，也是终生学习与发展的一种必备技能。我们从上学开始，就要接触汉字。语文学习，除了听、说、读之外，最重要的一项就是写。《语文新课程标准》对于小学低年级的要求是：掌握汉字的基本笔画和常用偏旁部首，能按笔顺规则用硬笔写字，注意间架结构；初步感受汉字的形体美；养成正确的写字姿势和良好的写字习惯，书写规范、端正、整洁。

　　养成规范书写汉字的习惯，有利于学生的身心健康。字写好了，是种美的享受，写字的意义远远超过练字本身。

　　好字带来好机会。能写一手好字，对以后的工作求职，考试升学都有好处。比如：两个人同时应聘一个职务，在工作能力，经验阅历等条件相当的情况下，写一手好字的应聘者机会会更大、更占优势。

　　练字的过程，可以磨炼人的意志。写字对提高文化素养也有重要作用，长期认真地写字，可以陶冶情操，形成审美意识，养成良好的习惯，提高文化素养。

　　在家庭教育中，有些家长只是盯着孩子的学习成绩，如果孩子成绩不错就全家皆大欢喜，完全不管孩子写字好不好看，实际上这样是不对的。

　　认识到写字的重要性，就要多多督促孩子练字。这时，家长不要着急，字不是一天两天就能练出来的，要有持之以恒的毅力和耐心。练字是思维活动和感官相结合的一种锻炼，需要眼、脑、手并用，不仅能够锻炼孩子手指的灵活度，笔起笔落之间，也需要安静、稳定的心绪，从不会到会，从会到熟，必须要经过反复的书写训练。

　　意志，对练习写字的孩子尤为重要。

　　练就一手好字不是一件很容易的事，俗话说"字无百日功"。

　　汉字结构以笔画为最小单位，由笔画组成独体字，由笔画和独体字演变为部首，再由部首组成合体字，这是一个由简到繁的逻辑系统。练习写字就应该遵循这个系统的顺序，一步一步地练习。

横不平来竖不直，文章再好无人识。

习字认真切勿止，提笔即是练字时。

播一粒种子会结果实。

流一滴汗水自有收获。

经过小学阶段的艰苦训练，我俩孩子书写都大有进步，特别是我女儿菲菲字写得规范、整洁、得体而漂亮，以至于进入初、高中，教她的老师曾说，打开作业本，只看菲菲写的字，就知道语文学的一定好。字写漂亮，印象分就上来了。老师真不是随便说的，这话不无道理。菲菲高二，学校选她参加了一次高考，语文考了137分，满分150分。当时老师说，这是学校理科考生中语文最高分。

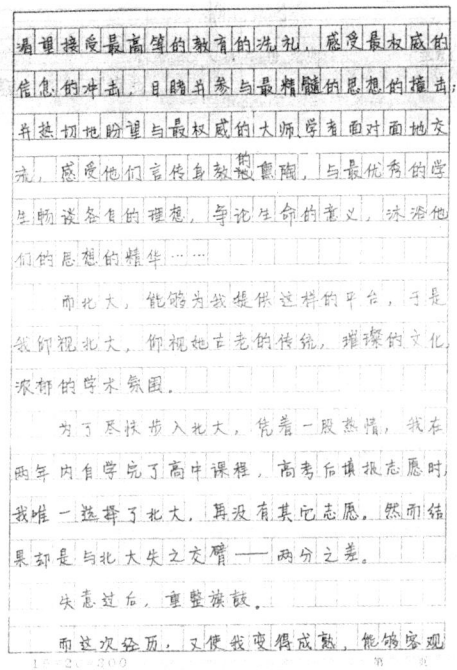

菲菲高中时书写字迹

92

故事 12

家中一面墙——放手让孩子涂鸦

孩子进入小学就有了学习任务，学习负担逐年加重。为了让孩子适应小学学习生活，缓解学习压力，放松自己，调整心态，有自己自由的空间，快乐、轻松、健康的成长。在菲菲、小二整个5年小学时期一直延续到初二，我们家里的一面墙，就成为这姐弟俩的"自留地""太空舱"，先后长达十多年时间，是教室，也是园地，是写字板，也

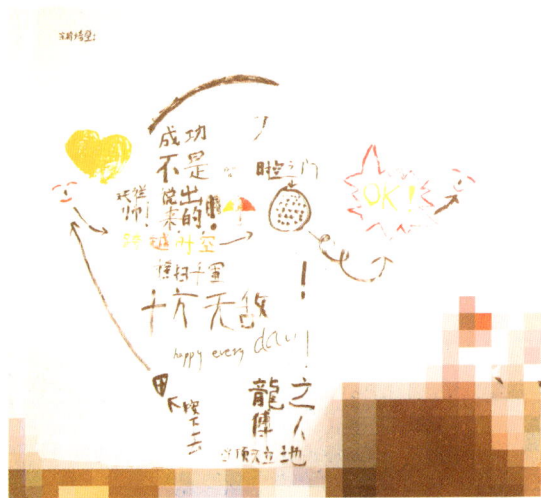

家中涂鸦墙一角

是展示栏。这是个自由度特别阔大的空间，在这里，我们放手让孩子涂鸦。小时画多，稍大字多，再大就有了字画结合的作品。在这里，孩子们率性尽情地挥舞着心爱的毛笔、彩笔、色纸、不干胶、橡皮泥、米达尺、小剪刀，用他们天马行空的想象力，或感悟，或抒情，或发现，或宣泄，或兴致所来，或兴趣阑珊……把一面白白的墙，整成了花花

绿绿的奇怪世界。在这里，轻松学习与尽情玩耍相结合，展示着永远的奇妙，永远的独特，永远的不可思议。

这面墙，铭刻着菲菲、小二的心灵史。

这面墙，记录着菲菲、小二的成长轨迹。

涂鸦是从西方引进的一个概念，其本意就是胡写乱画。其实用形式是辟出一个场地，或一块面板，我家是一整面墙，让孩子在上面胡写乱画，想干什么干什么。这种非常简单的一种方式，却是西方儿童教育特别认可的重要手段。在这里，完全成为孩子的自由空间，表达心情、思考，都是通过写写画画来完成。这对手、眼、脑的协调配合，增强脑、眼对手的指挥能力，也对提升观察力、思维能力、想象力等有着非常好的促进作用。涂鸦是儿童思考的重要方式，是一种非常形象的语言，对于涂鸦期的少儿来说，绘画是一种游戏，获得快乐是最大的收获。

具体来说，涂鸦起码在以下几方面对孩子有益。

1. 培养审美观。

让孩子自己动手，用笔在特定的涂鸦墙上留下童年的点点滴滴，记录自己的世界，积累到一定次数后，就能自然地培养孩子的艺术细胞与审美观。在观察与思考的基础上，去描摹他自己的感觉，去审视与讲述自己的作品。

2. 发展想象力。

涂鸦不需要规则。开始时，让孩子随意写，随意画。到一定年龄，可以尽可能给孩子提供题材，加以引导，让他选择。孩子在处理这些题材，会去思考、去建构、去想象，最终把他自己想象的东西画下来、写下来。经常这样磨炼，可以培养出很好的想象力。

3. 训练观察力。

对于小孩来讲，世界很神秘、很新奇。涂鸦的过程，孩子要对画的对象进行观察，加深了解。如画一条小鱼，有眼睛，有尾巴……如此不断积累，观察力自然不断提高，而观察力是儿童认知世界的重要途径。

4. 锻炼孩子眼、脑、手协调，以及脑力活动。

孩子从记忆、比较、思考，再到决定要写、画的事物，继而动手去画，最后还要观察、检验自己画的是否恰当。这一系列的感知活动，都是在不断试探过程中完成的，需要动脑，而脑力活动越多，对智力提高是有大帮助的。

5. 鼓励自我表达。涂鸦也是孩子内心世界的流露。

当他们渐渐有了自我意识，就会通过涂鸦来宣泄自己的情绪，表达对身边事物的理解和看法，这正是儿童成长和走向成熟的标志。

放手涂鸦，展示孩子天马行空的想象力。

故事 13

学好语文的秘密——加大阅读量

小学教育从一年级到五年级，开设课程有所不同，但总体看，其实重要的就是两门——数学和语文。语文是形象思维，数学是逻辑思维。脑区的刺激点不同，其获取途径自然有别。

综览我们孩子学习语文并取得较好成绩的过程，我深以为是的一点，就是不间断购买课外读物，加大阅读量。

前面说过，在幼儿园时期，我就特别重视这个问题，坚持不断地买书，坚持把这些书读给孩子听，以童话启蒙，开启孩子心灵。

现在上了小学，如何学好语文，方法上必须有所调整。

我们的做法是：①要求孩子把语文课本从第一页到最后一页，全部做到写会、学懂；②适当购买带拼音的读物，要求孩子大声朗读；③到了三、四年级，孩子会查字典了，就不再买拼音版，改为纯字书，直接阅读，遇到生字不懂，鼓励孩子独立查认，一般不帮助，由孩子自己克服困难；④每次只给孩子提供一本书，读完一本，让孩子把大概内容讲一遍，再提供下一本，用这种方法，保证读的质量；⑤督促孩子写日记，学以致用，光读不写，语文还是学不好。

朗读是我们家美好的音乐，是每周保留的节目，每周一般有一次。

俩孩子小学读过的部分书

那些年，我为菲菲选择购买的书以中外名著为主，有《西游记》《三国演义》《水浒传》《封神演义》《钢铁是怎样炼成的》《中华上下五千年》《史记故事》《徐霞客游记》《童年》《世界上下五千年》《科学家的故事》等近百种，大多数是少年版本的。到了小二，他把姐姐的这批书全部读完，又补充购买了《一千零一夜》《昆虫计》《老人与海》《希腊神话》等几十种。

小二征文获奖照

大量读书，养成良好的读书习惯，不仅丰富了知识，也极大地提高着孩子的写作能力。在小学这个阶段，我俩孩子的作文竞赛，均有不同奖项的获得。我们菲菲就在《沁水报》《作文评点报》发表《西峡行》《我的课余爱好——下象棋》《女娲补天》《我亲身经历的一件事——熬米汤》《粉笔大战》等多篇诗歌、散文。

读书，是人类公认的一件神圣事情，有着极端的重要性。

书是获取知识的渠道，提高素质的有效途径，也是涵养性格的摇篮。正如莎士比亚所说："生活里没有书籍就好像没有阳光，智慧里没有书籍就好像鸟儿没有翅膀。"

读书可以滋润心灵，开启心智，充实生活，从而使人灵魂欢畅，精神饱满而丰盈。

读书可以让人滤除浮躁。贪婪、自私、急功近利，是造成人心境浮躁的主要原因。而读书正是医治这种心理疾患的良药。浮躁的社会，心静者胜出。读书的力量，常常不是通过肉体感官体现，而是源源不断地潜移默化。所有的好书，都给我们的骨骼补钙，给心脏输血，浸润我们的思考，浇灌我们的智慧，所以这力量排山倒海，永恒传承。

读书是一种精神的跋涉。一个人的心灵若能得到知识的浸润，就会生出许多灵气和色彩。读书若水，川流不息，潜移默化，润物无声。

读书可以让人丰富知识。一个人的知识越多，越感到自己无知。书越读就越觉得读得少，越读就越觉得有读不尽的书。

读书让人变得懂事、文明。读书让人变得高尚、完美。

书记载着历史，反映着当下，思考着未来。有位先哲说过："不读书的人，天和地都是狭小的，他充其量只能活上一辈子。多读书的人，天和地都是广阔的，他能活上三辈子——过去、现在和将来。"

读书可以让人灵魂纯正。多读书的人情怀开阔，境界高远，心无挂碍，思无羁绊，心态平和。俗话说，腹有诗书气自华。多读书的人，谈吐风趣，举止得体，情趣高雅，有生活品位。

读书是与高尚的灵魂沟通，与优雅的品德对话。

读书可以让人坚定信念。书是前人智慧的结晶，是智者真知灼见的积累，记载着无数宝贵的历史经验和深刻的历史教训。只有借助前人的肩膀，才能使人站得更高，望得更远，走出自我的狭小，回首历史的长河，触摸时代的脉搏，关照广阔的生活。当我们流连在每一条真理、每一个美好思想、每一幅富有震撼力的场景之中时，那正是把自己提升到更高层次的理想与信念之中。所以，读书对人的影响不只在于增长知识，还在于使人学会高尚，领略境界的高远和胸襟的开阔。

古今中外多少杰出人物，都用他们最华美的语言、最深刻的哲理来赞美读书，并且他们自己就是世界上读书最多的人。

饭可以一日不吃，觉可以一日不睡，书不可以一日不读。

——毛泽东

为中华之崛起而读书。

——周恩来

读书也像开矿一样"沙里淘金"。

——赵树理

读书破万卷，下笔如有神。

——杜甫

立身以立学为先，立学以读书为本。

——欧阳修

黑发不知勤学早，白发方悔读书迟。

——颜真卿

韬略终须建新国，奋发还得读良书。

——郭沫若

读过一本好书，像交了一个益友。

——臧克家

不怕读得少，只怕记不牢。

——徐特立

书籍是人类进步的阶梯。

——高尔基

书籍是人类知识的总统。

——莎士比亚

理想的书籍是智慧的钥匙。

——托尔斯泰

书籍是屹立在时间的汪洋大海中的灯塔。

——惠普尔

书籍是全世界的营养品，生活里没有书籍，就好像没有阳光；智慧里没有书籍，就好像鸟儿没有翅膀。

——莎士比亚

不读书的人，思想就会停止。

——狄德罗

读一本好书，就是和许多高尚的人谈话。

——歌德

历史使人明智，诗歌使人聪慧，数学使人精确，哲学使人深刻，伦理使人庄重，逻辑使人善辩。

——培根

这些先贤表达和强调的，其实就是一件事：读书的重要性。

科学研究表明，不管一个人读什么书，小说、散文、诗歌等等，他的智力水平会比那些懒惰且不喜欢读书的人更高。

阅读可以完美地训练我们的大脑。我们与大脑一起工作，可以高效处理、组织和存储信息；阅读可以帮助我们发展逻辑、记忆和思考；阅读还能让我们更加专注和有条理性。

我是特别推崇"亲子阅读"的，这是一个幼儿教育中出现的新名词，现在已经广为人知。所谓亲子阅读，就是家长、孩子一起读，要共同、全身心地投入到书籍中，在读中读后不时交流，并对孩子做必要的疏导，包括将故事中的寓意传达给孩子。

若干年里，我们像老母鸡一样把两个孩子紧紧搂在羽翼下，一起用琅琅书声，送走了无数个美好的黄昏，点亮希望的灯光。

不断加大阅读量，无疑是学好语文的秘密。

故事 14

死死地抓牢作业——重复就是提高

一般过了六一，天气热起来，菲菲和小二就在院子里做作业了。

有一年入伏后一天，我和一位朋友在院子里下象棋，小二在一旁写作业，互不干扰，各得其乐。这时朋友对小二说，星期天了也不去耍？小孩子家家，爬在那里干什么？我紧接他的话茬说，我小二做作业太自觉了，不仅要按时完成，而且保证全对。这话像似给朋友说，其实是给小二听，是一种不经意的鼓励、鞭策，小二听了，做作业更会按时、更会认真，这种暗示性做法易接受，比直接表扬鼓励效果好。过了差不多两个小时，小二做完了，拿来给我检查，那朋友接过就看，哈，这娃字写得老好呀！我又说，字写得是认真，我小二做作业总是自己要求一次做对，你认真看一下，帮找几个错题，结果朋友没有找到一道错题。小二非常得意，收拾好作业，喜不自禁，连唱带跳地跑出家门玩去了。

其实朋友是不了解我们家的规矩。我对他说，我俩孩子星期六做语文，星期天做数学，雷打不动，做完作业才可以去玩。

一定要死死地抓牢作业。这是我多少年总结的一条自以为成功的经验。

从孩子一年级直到初三，我们几乎坚持陪着孩子做作业，一起完成作业，直到孩子考到晋城一中不在身边，我们才停止。

作业是什么？

作业就是重复，就是把老师课上讲的内容拿回家重新学习、练习。而重复就是提高，每做一遍作业，就熟悉一遍课文。多多做题，不止加强记忆，更多是加强领会，所谓融会贯通。

大量做题，这是学好数学的唯一窍门。

我家两个孩子，高中分科时都选择理科。倒不是偏科，而是相对比较，他们数学学得扎实，成绩一直比较优秀，相对稳定。

这里面或许有些遗传因素。我的父亲只上了三个冬季私塾，却把算盘学的超级精明，在后来经营他擀毡生意中，处理繁杂账务、流水来往，收支平衡，都需要好的记忆力和算术支撑。我似乎继承了父亲的这个优点，从小学到中学，特别热衷于数学，我的数学成绩总是相对好于其他科目。而菲菲这方面表现更不一般，还在上幼儿园时，心算能力就特别好，先是两位数相加，后来3位数，只要问，她静想一小会儿就能答出结果，很少出错。

这种能力，可能对菲菲学好数学有利，但我始终不相信世界上有超人。天才是有的，但全是靠勤奋。学好一门课程不可能有什么诀窍，"眼过十遍不如手动一遍"，多动手、多练习是唯一出路。

作业是对课上教学的有效延伸，是课堂学习的巩固和深化，是学生课外学习的重要手段。对学生来说，通过作业，可以及时巩固所学知识，了解自己的学习情况。

作业也不是负担，而是教学活动的重要组成部分和自然延续，是一种学习和积累的过程。做作业的目的是巩固所学知识，是培养独立思考能力。在做习题时，必然要认真思考，琢磨概念、原理的运用方法、解题思路，并一定会加深记忆，让大脑有更多储存。

做作业可以检查孩子的学习效果。如果做的顺利，就从一定程度上说明预习、听讲和课后复习的效果是好的。还可以加深对知识的理解、思考，把混淆的概念搞清楚，把事物之间的联系找出来，把公式的变换弄熟练。同时，可以培养思维能力，习题中提出的各种问题，必然会促使孩子积极思考。在分析问题和解决问题的过程中，学会运用新学到的知识。总之，做作业其实就是把书本上的知识转换成为自己的知识。

做作业的第一步是审题，这很重要。

审题能力是学生多种能力的综合表现。要求学生仔细阅读材料内容，学会抓字眼，抓关键词，正确理解内容，对提示语、公式、法则、定律、图示等关键项，更要认真推敲，反复琢磨，准确把握每个知识点的内涵与外延。培养孩子从作业、考试中，及时发现自己的错误，提高纠正能力。

做作业的第二步是养成反思习惯，这很关键。

读书和学习过程中，尤其是复习备考过程中，每个孩子都会进行强度较大的练习。但做完习题并非大功告成，而重要的在于做完作业以后，把所涉知识引申、扩展、深化。因此，反思是解题之后的重要环节，这一步不能轻视。

懂得了这些道理，家长就一定要学会善于引导孩子认真地完成作业。当孩子不能及时完成时，必须采取果断措施，让孩子意识到"学习是自己的事"，让他逐步学会自己管自己。当然，辅导是必须的。这样有督促，有辅导，有检查，持之以恒，时间久了，孩子自然就会形成良好的做作业习惯。

1. 坚持陪孩子做作业，这也是一种更深沉的父母之爱。

我和妻子，在这方面有我们自己的方式和经验。

让孩子意识到完成作业的重要性。

有的时候孩子任性，常对作业持可做可不做态度，这是因为他们还不知道做作业有那么重要。所以作为父母，必须要让孩子意识到这一点是非常错误的，并适当采取一些硬性措施加以纠正。比如规定孩子不先把作业完成，就不准外出玩耍、玩玩具、玩游戏。慢慢地，孩子就会逐渐懂得写作业是自己的第一任务。

2. 让孩子自然的养成一种做作业习惯。

每次孩子放学回来，我们一般先给让孩子吃些零食以补充能量，之后就督促孩子，现在可以去完成自己的作业了。一旦孩子习惯了这样的流程，那他每天放学回家后想到的第一件事就是做作业，再不会总想着玩，更不会磨蹭不去写作业。

3. 让孩子从写作业中找到乐趣。

孩子之所以不喜欢写作业，是觉得作业太难了，或觉得写作业太枯燥，一点都不好玩，没意思。这个时候作为父母的我们，常常一点一点去启发孩子对写作业的热爱，让孩子从中找到一种乐趣。甚至是一种成就感，这样孩子就喜欢上写作业了。

4. 排除外界干扰。

孩子写作业需要心态宁静，精神专注，稍有响动就会分心，影响到孩子写作业的效率。所以，多年来，孩子做作业时，我和妻子总是遵守四不原则：不开电视，不玩电脑，不放音乐，不大声说话。尽力为孩子营造一个安静的做作业环境。

5. 适当给孩子一些小奖励。

如果孩子很乖，自己一个人完成了作业，而且作业做得挺好。那么，这个时候我们除了口头表扬，还会给孩子一点甜头，一些小小的奖励。这种小关爱，常常让孩子高兴活泼，对孩子起到鼓励作用，有助于巩固好习惯。

自觉按时完成作业，是孩子一种必备的学习素养。

故事 15

学弈中国象棋——培养竞争力

爱玩是孩子的天性。

在幼儿园，画画、绳结、积木、魔方伴随菲菲、小二度过快乐的时光。现在上了小学，该给孩子挑选什么玩具，以适应这个年龄段，就成为家长一个问题。

我选择了中国象棋。

因为中国象棋历史悠久、博大精深、趣味浓厚、精彩纷呈，是中华民族的文化瑰宝，千百年来长盛不衰。它集文化、科学、艺术、竞技于一身，是怡神益智的一种活动。可开发智力、启迪思维、锻炼辩证分析能力和培养顽强意志；可修身养性、陶冶情操、丰富文化生活。老少咸宜，深受喜爱。

开始，我是不主张菲菲学象棋的，因为棋中尽是攻守杀伐，机谋设陷，构心算计，这对一个女孩子性格来说，似乎不大合适。可这小闺女偏偏对象棋兴趣极大，所以，我也只好满足她的兴趣了，对姐弟俩学习下象棋先后进行了培养。

吹个小牛吧，我爱象棋年头不少，是有些功底的，不敢说下得多么好，但和一般人对弈，还是赢多输少。这使我有了足够的自信，来当孩子们的教练。

开始，讲解了象棋一般规则、布局常识、中盘攻守简单路数，就进入正规学习。1~4年级，我一般是让孩子三个子，后来渐渐感到有些吃力，就逐渐让的少了，减到一两个。这说明，孩子们的棋力在提高，弈得有些模样了。初一第一学期，菲菲参加了学校组织的象棋比赛，与一男生对弈，当时她非常紧张，围观的同学很多，自感对方棋高一着，很有压力，只怕丢了面子。她沉着冷静、细心有加，居然赢了！她中午回到家里有

菲菲在《沁水报》一次发表了两篇文章

声有色地细说着上午的棋局，显得得意而兴奋。应该说菲菲这次赢棋不是偶然，她在上初中前的暑假，几乎每天下午都要下一个小时象棋，棋技明显有所提高，暑假她还写了篇文章《我的课余爱好——下象棋》，并在《沁水报》发表了。而儿子小二大有父风，棋风稳健，谋局周全，特别对攻，落子决断，杀伐凛厉，长进很快。所以到了初中，我就不敢再让他了。上高中后，我们已是棋逢对手、旗鼓相当，互有输赢。可以说，进步速度不慢，但要登堂入室，我这个水平的教练就不管用了。

"象棋"二字早在战国时期的文献中就已出现，但现代意义的象棋产生于南北朝，后经唐、宋时代的改革，象棋的走法变化多端，到

如今已成为男女老少皆大欢喜的竞技项目。街头巷尾，茶余饭后，认得认不得的人，都可坐下来在棋盘上交流切磋。场面有时紧张得汗出如雨，有时悠闲得似闲庭漫步，胜者高兴愉悦，输者也姿态不低，有一种胜败乃兵家常事的超然安慰。真是小棋盘，大人生。

那么，少儿学象棋，究竟有什么好处？

1. 能开发数学逻辑智能，作用极大。

下棋的过程就是对弈者大脑不断进行高速运转、计算的过程，对弈者水平参差不齐，但只要开始下，他们的思维便显现出多变、灵敏、活跃的特征，在对弈过程中始终处于计算、分析、判断、演绎、推理、筛选的兴奋之中。象棋对于儿童早教的数学逻辑智能的开发作用，是任何早教课程望尘莫及的。

2. 能提高少儿的智力和耐力。

我们所说的智力和耐力是指学生能自我提出问题，发现问题，分析问题，直到最终解决问题的能力。而下象棋正好适应了这个过程。因此说象棋是智慧的体操。

3. 能提高少年儿童的逻辑思维能力和形势判断能力。

从吃亏和得利开始，要下好棋必须得学会数学计算，学会逻辑分析，并有严密的计划性。

4. 能提高少儿的注意力。

棋盘上千变万化，常是"一着不慎，满盘皆输"，要战胜对手，必须全神贯注。

5. 能提高少儿的心理素质。

如处下风时的紧张感，占优势时的兴奋感，大好局面突然由赢变输的懊丧感，棋局不断变化的焦虑感，赢了棋的成就感等，时时冲击他们。所以要求孩子胜不骄、败不馁，沉着冷静、养成积极进取的好品质。"象棋不仅是智慧的比赛，更是双方心理上的较量。"

6. 能养成少儿遵规守纪、懂礼貌的好品质。

严格的棋规能要求孩子落子无悔、实事求是、不弄虚作假、守规则、懂礼貌、尊重对手。"象棋是一种高雅的搏斗，展现的是绅士精神。"

7. 能培养少儿自我控制、自我调节和自我教育的能力。

如对时间的控制，对对手的控制，对对手不怀好意的挑衅行为的自我调适、排解等，增强自己磨炼意志克服困难的能力。

8. 对少儿的身体也有一定的锻炼价值，尤其是内脏器官的机能。

下棋时双方紧张用脑，中枢神经系统、循环系统、呼吸系统、内分泌系统都处于紧张工作状态。据生理学家研究表明，象棋运动中脑的消耗比肌肉消耗大 20 倍。

9. 有些家长担心下棋会影响孩子学习，我以为不必要。

只要处理得当，不仅不会耽误学习，而且还能提高孩子的智力，反过来又促进学习。下棋与学习是互相促进的。目前一些棋类运动兴旺的国家，如日本、德国、英国等都是发达国家。这也说明，开展棋类运动对国家的经济发展大有裨益，对人民文化素质的提高更是有百益而无一害。

"三五步走遍天下，二三人百万雄兵"。这是何等廓大胸怀！

架炮横兵马过河，红黑七子对干戈。

双车断后金瓯固，两卒当先玉镂磨。

弈海航行三万里，棋林窥看一千河。

问津胜败存亡事，罕见疆场乐讲和。

这首著名的咏棋诗，把个象棋的味道淋漓尽致地和盘托出，又那么透彻地叙说着一个道理：对弈，尤其是比赛，最大的好处是可以培养孩子的竞争意识、竞争力。

而一个人的竞争力高低，几乎决定了其人生的走向胜负。

人生如棋，每一步都要为自己的选择付出代价。

故事 16

我们不报辅导班——加固自信心

在我俩孩子上小学、初中时期，打着各种各样旗号的辅导班、训练班、提高班已如雨后春笋般生长出来。可以说当时没有统一的规范，存在着良莠不齐、鱼龙混杂的现象，甚至一些图谋不轨、利欲熏心的人正是看中了学生家长为了孩子升学不惜一切的心理，使出各式各样的招数，掠取钱财。对之，我持坚决否定的态度！因为，一不符合孩子成才教育的规律；二加重了学生学业负担，丧失了学生的自信心。

小学升初中那年，女儿同年级不少同学报了英语补习班，她也想报，但被我拒绝了。当时，菲菲很不高兴。开学后，期中考试，有些报班的同学考得不错，菲菲却没考好。这使她更对我不满，说："爸，你不让我上补习班，现在人家考出好成绩，有的高出我一大截，我落后了，这多没面子嘛！"我说，一次两次考好没考好，不能说明根本问题。上补习班是干什么？其实就是把上课的内容提前学习了一遍，上课再重复学一遍，这样效果好点。所以你的有些报班同学这次考得还好，但这不是长久之计。要把一门功课学好，不能靠补习，而要靠听课，靠把功夫搞扎实。不补习就考不好，说明学习出了问题。再说每次考试就补习，那要花多少钱？父母挣点钱不容易呀！我们不报任何班。爸相信你，凭自己努力，一定会考好的。孩子，你要自信。

菲菲没吭气，但我知道她不高兴。

其实，多年来我对社会上各种"班"颇不以为然。

我不赞成轻易把孩子送进这些所谓的"班"里去提高。一个孩子学好学不好，有多种因素决定，而根本的支撑是自信。但这样那样的"班"，打击、毁灭的正是孩子们的自信心。

自信，就是自己相信自己，相信自己能行。

自信对我们的生活非常重要。我们的事业、我们的爱情、我们的生活，不管是哪一个方面，自信都是无比重要的。自信给人以力量，给人以快乐。正是有了自信，人才充满了睿智，才在心中升腾起无尽希望。人只有自信，才能让自己的人生之花开得茂盛、繁荣。自信让我们的人生精彩。但自信绝不是自大、自傲。自信是成功的必要条件，是成功的源泉。真正的自信者，必然是积极的行动者。

自信使我们拥有力量，自信使我们拥有战胜困难的勇气，自信使我们不服输，自信使我们坚信成功。自信的人一般不去太多考虑别人的想法，自己觉得合适合理就去做、去大胆地闯、去尝试。

然而，这种本该早早播进孩子心田的良好品质，却被一些打着办班的贪婪之徒无情地粉碎了。

这些所谓的培训机构，有些是掐准了家长望子成龙、求才心切的脉搏，收取高额费用。

这是一种扭曲的交易。它无耻地宣告：钱能买到一切，更能购到教育资源。

但知识和能力不是付钱就可以买到的。最终要靠自己努力、学习，才可以获取、掌握。花钱可以买到好老师，但老师再好，方法再妙，学生不去扎实学仍然掌握不了。而且，本应该提倡的尊重知识、尊师重教的传统，在金钱攻击下瞬间垮塌了。

1. 这个班，那个班，说到底都是为着挣钱。

给孩子带来很大心理依赖。许多孩子上了辅导班，就好像自己的学习上了"双保险"：即使课堂里学不会，等到辅导班上还能再学一遍。在这种心理的暗示下，许多孩子逐渐放松警惕，许多该在课堂掌握的知识没有得到系统掌握，一心依赖补习班。但辅导班并不是完全按照课堂内容系统推进，而是精讲或者额外加强难点训练。孩子如果系统基础知识掌握不好，全靠在辅导班上补充学习的话，即使学得再多，又有什么用呢？而且这样的心理依赖，对于家长来说也是普遍存在的，往往都抱着"有总比没有强"的心理。甚至错误地以为，孩子在课堂上听一遍，到辅导班再加强一下，成绩肯定会好，这是一个盲区。实际上，所有辅导机构为了捞钱，让家长持续报班，都会美化自己的教学水平，一般不会像学校里的老师那样对孩子认真负责。

2. 让孩子失去对学习的兴趣和动力。

所有辅导班安排的时间都是在课外，有晚上的，也有周末的。许多家长认为：周末嘛，与其让孩子在家里闲着玩，不如报个班，还能学点东西。实际上，这样的想法是完全错误的。作为一个成年人，如果周末还加班，也会觉得自己委屈、烦躁，没有得到充分休息。为什么到了孩子身上，家长就想不明白这个道理呢？即使只是坐在课堂里学习，孩子们付出的脑力和体力也是很多的。上课真的很累！而且一堂课连着一堂课，下课只有那么几分钟时间，放学后还有一大堆作业要完成。如此这般，孩子会觉得快乐吗？能对学习的热情保持多久？

3. 学好不易，学坏越来越容易。

每个孩子都有一个对自己的定位，他们只会与那些比自己差的孩子交朋友，却不会主动结交那些比自己优秀的学生。你问为什么？答案很简单：你会主动去跟那些比你富、比你有权、比你牛的人交朋友吗？孩子虽然小，却不傻，他们比成年人更加敏感脆弱，只要对方有一点傲慢或者偏见，就会远远离开，不再靠近。所以，进了辅导班，面对来自四面八方的陌生人，孩子只会选择与自己脾气相投、爱好相似的小孩做朋友。近墨者黑，能结出什么好果子？

4. 不利于孩子的秩序感建立。

孩子上学以后，最大的挑战有两点：一是知识学习，二是遵守纪律。培训机构多是民办，每一分钱都要自己挣。钱从何而来？都是从学生家长身上抠。这样的关系实际上变成了消费者和服务者。培训机构为了巩固收入，既不敢得罪家长，更不敢批评孩子。在这里混长了，孩子就会染上诸多恶习：不遵守纪律，不会和同学相处，不会控制自己，专注力差，最终影响学习。

5. 家长容易高估孩子的水平。

培训机构的教学方式以鼓励为主，在家长了解孩子的学习程度时，也只是一个劲夸奖，其目的无非是为了得到家长好评，根本上还是为了家长继续掏钱。于是，灌了一耳朵好听话，家长们无一不产生错觉，以为上辅导班的确效果大，孩子学习能力强，成绩上去啦！但实际情况如何，没有人会告诉他。

因为市场需要，现在各类培训班只有想不到，没有做不到。这造成相当一部分家长的懒惰思想，孩子有任何问题和不足，都用辅导班解决。孩子字写不好，就送去书法班；写作困难，就送去写作班；发言不好，就送去演讲班；数学不好，就送去思维训练班；还有的觉得自己钱多，甚至同时给孩子报几个班，把个小孩弄的来来回回在这班那班之间奔跑。如此加强，能有什么好？

辅导班呵，真害苦了我们的孩子。

虽然有关方面三令五申，加强整顿，但这玩意如同牛皮癣，一旦缠身，无法根治。

由于我的坚持，我的执着，我的深恶痛绝，从小到大，我的两个孩子都没有报任何"班"。反倒是我这种"不开窍"，迫使菲菲、小二鼓足勇气，充满自信，去面对每门课程，去克服困难。

说到英语，其实就是一种异域人使用的语言，正如汉语一样，掌握了它的规律，任何人都能学好。过了初中一年级，我们菲菲已登堂入室，摸到学习英语的一些道道，到了初二三年级就超过全班同学，成为学科尖子。

依赖课外辅导班，对孩子是种错误的选择。

故事 17

文艺活动担主角——组织能力培养

小学四五年级吧，我们的小二马笑天主持了一次年级六一儿童节主题活动。他一身兼二职，既是主持人，也是演员。主持人当然要靠语言串联，调动现场，搞活节目；而演员就要演戏。这次，马笑天表演了两个角色：一个地主，一个俘虏。

当时已是 2007 年了，我们的国家已很久不再提"阶级斗争""忆苦思甜"这类话题，而且也很久没有战争，什么是硝烟，什么是俘虏，

小二（左）六·一儿童节主持文艺节目

小小孩子根本不可能产生这些概念。但我们小二是靠什么获得这些印象，居然把个地主表现得凶狠恶毒，而一个俘虏的猥琐卑下也被他演绎得活灵活现，于是，赢得同学一片掌声。

回到家，一脸成功的马笑天同学仍意犹未尽，津津有味地向全家汇报当时情景，竟又一次进行表演，惹得我们哈哈大笑。

那时，我非常开心，这是一个好现象！

成不成功主持一场活动不重要，演好演不好地主和俘虏也不重要，重要的是，能够调动观众兴趣、注意力，善始善终顺利完成节目安排，这就要具备一定的组织能力。

组织能力说白了也就是领导能力。

这是一个人非常难得、也非常难以培养的一种素质。与其一生是否过得精彩直接相关。

在一群孩子中，总有那么几个孩子很有号召力。他能组织集体活动，带领同伴游戏，小伙伴们也乐意同他交谈、玩耍。这使他们有更多的机会展现自己的才能、得到锻炼。很多家长很是羡慕，希望自己孩子身上也能具备这种能力。

但如何培养这种素质，是要认真动些脑筋的。

我的体会和做法是这样的：

（1）培养孩子自信和独立处事的能力。一般具有一定组织才能的孩子，往往特别需要有自信、有责任心，具有坚强的意志和独立思考的能力。因此，我们总是在日常生活中，给俩孩子创造独立思考、独立处理事的机会。

（2）鼓励孩子和小朋友多多交往。适时制订计划，安排孩子和小伙伴出去玩，野营、郊游、游戏、打篮球……自己事情自己办，提高自理能力，广交朋友。把玩耍纳入组织，在集体生活中锻炼自己。

（3）辅助小孩组织一些集体活动。在暑期，可以给孩子报一些活动，你要多多鼓励，让孩子相信自己能行，帮助孩子一起来组织策划这次活动。相信这次活动会组织得非常成功，这就极大地促进了孩子的组织能力。

口才即表达能力，是组织能力的核心部分、先决条件。

培养组织能力，必须首先培养表达能力。

孩子的表达能力是在各种环境中磨炼、提高的。所以在日常生活中，我们特别注意为孩子营造"说话"的环境。

1.餐桌前的时间要格外珍惜。

餐桌前是全家交流的好机会，大家边吃边聊，每个人都可以把一天的见闻、感触、报纸上的新闻、遇到的开心、有趣的事情等等，拿来作为"谈资"。交谈中，既增进了家庭成员之间的感情，也开拓了孩子的视野，很轻松地锻炼了孩子的表达能力。

2. 放学后的沟通很重要。

下午放学后，我们经常问孩子的一句话是："今天开心吗？学校里有什么有趣的事？讲给爸妈听听。"从幼儿园开始一直到高中，我们已养成了这种习惯。不论是开心的事，还是烦心的事，都要孩子"拿来"和我们一起分享。听孩子说话是一种特别好玩的事。我们像平等的朋友在一起聊天，这是一天中最开心的时刻。当然我们也会向孩子讲讲大人今天遇到的开心或烦恼的事情，有时听听孩子的建议和看法。这对孩子的语言表达也是很好的锻炼。

3. 让孩子学会表达爱与感激。

在生活中帮助孩子养成良好的习惯，家庭成员之间也要注意礼貌用语。这样既可使孩子拥有一颗感恩的心，体会爱的温暖，也可以让孩子学会用语言表达自己的心意。比如聚会时，让孩子说出自己的祝福，收到礼物时要及时道谢。

4. 多做"语言游戏"，增加语言的趣味。

成语接龙、绕口令比赛是我们家经常玩的游戏。有时我们会在周末开一个"家庭辩论会"。拿一个事情定为命题，分成"反方"和"正方"，第三个人当裁判。大家唇枪舌剑展开辩论，要做到有理有据，能说服对方就算赢。这个活动很好，既锻炼了孩子的表达能力，也提高了反应能力。对家长也是很好的锻炼。

有时候，我们还组织家庭课堂。一块小黑板，一盒粉笔，就可以开课了。我们轮流当老师，自己选一门课来上。一般情况是孩子当老师，我们当学生。这个小老师一点也不含糊，板书、讲解、提问、学生抢答，做得有模有样。我们老老实实当学生，回答问题正确，小老师总是及时给予表扬。这个游戏很好玩，既让孩子体验了当老师的感觉，也复习了以前学习的知识，更重要的是，孩子更会说话了。

5.多鼓励孩子和小伙伴一起玩。

孩子们一般不喜欢和大人玩，而愿意和小朋友在一起玩。这是小孩子天性，我们必须多鼓励。一群娃娃在一起淘，叽叽呱呱吵，或共同完成一道题，这是一个很好的学习过程。既增进了友谊，也培养了孩子的社交能力，同时也加强了语言能力，可谓是一举三得。菲菲、小二放学后喜欢到同学家或邀请同学一起写作业、玩耍，我一般比较支持。现在的孩子比较缺乏和同龄人相处的时间。孩子们在一起会相互学习、相互感染，在玩中共同进步。这个过程中，孩子们的语言表达能力也得到了充分锻炼。

6.培养孩子的组织能力是个有难度的话题。

所有的能力都需要在锻炼中培养、形成。

也许多年来我在这方面有意进行了一些尝试、探索，也小有成效。小学高年级直至初中、高中，菲菲、笑天都在班里、年级分别担任不同岗位的干部，展现他们的组织能力。

当然，这种能力还很有限。

故事 18

有本事的人不打架——学会克制

还是马笑天。

这小家伙在三年级时，居然当了一个组长，是什么组长我忘了，但应该是个小官官吧，起码在同学中是有些威信的。但这个小组长他没干多少天，就被老师给撤了。原因是与同学打架。

那天中午放学回家，邻居家与小二同班的同学，快速向我家跑来，小二使劲追挡，也没阻挡住，邻居家的那小孩气喘吁吁跑到我家院里便大声喊："老师把马笑天的组长给撤了！"

怎么回事呢？

冲突的原因不清楚，据我们的"马组长"说，是位同学，平常处得还不错，也是好朋友。可这天不晓得为什么，突然向我们小二发动攻击。

"一直不停地打我"。"我是组长，不敢打，周围好多同学看着，很失脸面，实在熬不住了，就回了他一拳。""同学那么多在看，我丢人了吧！影响不好"。

就这么一拳头，把个组长打丢了。唉！"当官的"与"群众"动手，太不像话。

其实我不认为八九岁小孩子真会打什么架，一般是出于玩耍的小把戏。但毕竟动手了，打架就是违纪，违纪的事就不能简单对待，所以，我必须给这位组长同学讲讲道理。

我讲了一个"三段论"：①有本事的人不打架。②打架的人没本事。③之所以打架是因为没学会克制。

"你是组长，大小是个领导嘛，怎么能和同学动手呢？你违犯了纪律，老师把你组长拿掉是对的，犯错误就要接受惩戒，付出代价。对自己的行为，就要承担责任。今后你要学习克制，培养克制力。"

小二虽仍感委屈，但还是点头认错，服了。

小学阶段有一点最重要，就是行为习惯、学习习惯的培养。

好的行为习惯养成需要好的自制力作基础。

顾名思义，自制力即自我控制能力，具体指自觉地控制自己的情绪和行为。自制力强的人，善于激励自己，勇敢地去执行采取的决定，又善于抑制那些不符合既定目的的愿望、动机、行为和情绪。自制力是坚强的重要标志，与之相反则是任性。自制力是学习和生活等一切的基础。从小培养孩子自制力关系一生的成长。

自制力其实也是意志力。要想让孩子具备自制力，先要培养思考力和判断力，这三种能力互为依托，都不是与生俱来的，所以要让孩子多参加集体活动，尽力营造各种生活情境，硬性制定一切活动和任务的规则，引导孩子充分发挥想象，学会判断、总结和思考，逐步形成自制力。幼儿园和小学是孩子们融入的除家庭外的新的集体，也是成长敏感期，受周围环境的影响非常巨大。因此，幼儿园是启蒙时期，小学阶段是培养孩子思考力和自制力的黄金时期。

孩子的意志品质是在成人严格要求引导下形成的，也是在日常生活中学习自我控制的结果。加强自我控制、意志锻炼有四种好形式，即自我鼓励、自我禁止、自我命令、自我暗示。比如，当孩子遇到比较困难的事情，而感到很难开始行动时，就要让他自己给自己下命令：大胆些！不要怕！再坚持一下！

我一直觉得，孩子受点儿委屈不是坏事。

如今，随着经济高速发展，家庭生活条件越来越好，孩子是家庭的希望，是全家的宝贝，以至于孩子要啥给啥，所有需求都能得到满足。这种对孩子的溺爱，逐渐代替了教养孩子所应具备的理性，因而导致了一系列孩子成长中的问题，其中就有打架斗殴。现实生活中，我们的孩子发生与人打架也常有发生，不是稀罕之事。但我们家长不可轻视，要做好思想准备。一旦发生这种情况，家长该怎么办？

1. 首先要冷静，认真反思。

当孩子发生打架事件时，要及时喝止，要严厉地要求两方分开。这时候孩子们往往处于情绪异常激动状态，表现为面红耳赤，大口大口喘气。如果此时严厉批评，等于是火上浇油。因此，这时最需要的是让孩子冷静冷静，不妨让他先坐坐"冷板凳"，仔细想想自己的行为。过一段时间，等双方情绪稳定下来，再处理也不误。

2. 及时了解打架的原因，对症下药。

处理打架，必须先了解为何打架？一般说来，诱发打架有以下几个原因：一是孩子自控力差，经常模仿怪异行为、恶作剧，表现与众不同心理，从而发生破坏公物、欺负同学等。二是学生喜欢一个异性，而该异性对他不感兴趣，却对另外的人好感，从而产生妒忌心理，进而进行报复，引起斗殴。三是双方平常有过节，怀恨在心，故而寻找机会以牙还牙，这种情况最为可怕。等等，这是主要原因，当然还有其他原因和情况。

3. 动之以情，晓之以理，耐心做好孩子思想工作。

在了解了整个事情经过后，针对孩子所犯错误及认错态度，该批评时就批评，绝不心软。要让孩子真正意识到打架的不良后果。这时候，孩子一般不会再顶撞，能听进话了，就要和风细雨，分析孩子的错误，让孩子真正认识到打架的严重性后果，提醒他以此为戒，不准再犯。

之所以写以上三段话，是因为我后来又返教育局工作期间，经常到下面进行工作调研时发现，差不多的家长，尤其男孩子家长，都会碰到自己孩子与人打架、有时还打得很凶的情况，却不晓得怎样处理、处理不好。过头的，训斥打骂，孩子不服；心软的，好言劝说，孩子不改。"真是愁死了！"

其实所有打架等极端事件，都是自制力不强所引起。

防止孩子打架，最好的办法是从小就开始培养孩子的自制力。

自制力是人生的方向舵，使人生之舟避开暗礁、漩涡，永不覆灭。孩子如果在小学阶段就养成很强的自制力，那么，他在学习的道路上就更顺利。自制力一旦养成，会让孩子终身受用。但培养自制力需要坚持不懈，是个慢功夫。郭沫若先生说：绳可锯木断，水可滴石穿。苦干加巧干，坚持持久战。

我们家小二这次打架，虽然只动了一拳头，但还是被我紧紧抓住了。孩子的一些坏毛病，往往都是在不经意中养成的。发现苗头，必须立即掐掉。也许我有些小题大做了，但我由此开始重视对孩子的自制力培养，却收到了实效——小二再也没有打过架。

自制力如果仅用在防止打架那就有些奢侈了。其实它更多是一种人生态度和智慧。

故事 19

不可动摇的习惯——陪孩子写日记

写日记这件事，一般在小学二三年级开始老师就布置了，要求每天写一篇。小孩子不懂记日记的重要性，嫌麻烦，差不多都不愿写，我们小二也是。每天轮到写日记，总是磨磨蹭蹭，一拖再拖，有时拖到了晚上十一点，还是不动笔。我们催，他还不耐烦。

这是个很坏的毛病。

于是，从这开始，我就"陪太子读书"，每晚估计他做完别的作业，就一屁股坐在桌边守着，和他一起写日记。我写我的，他写他的，我写得较快，每次我写完，他都想看看，对他是个引导、是个启发。有时一边写，一边交流，实在他弄不下去了，我便说一说，他按我的思路写一写，等到写完，我再审一遍，针对其中问题父子两人再交流、探讨。这样过了几个月，坚持每天如此，竟成了一种长期习惯，以致与孩子同写日记成了我的一个乐趣。

对于我每天这样蹲守，小二虽然不能不接受，但我看得出来他是抵触的，内心里不喜欢写日记这个症结，其实并没有打开，必须想点儿办法了。我提议，写日记前要先叙述一遍，然后动笔写，写完之后再读一遍，看父子俩谁的思路好，谁写得快。也算是个小比赛吧，促进了他写日记的积极性，激发了写日记的兴趣。大约陪写了半年时间，他开始主动、自觉写日记，并且写得越来越好。

2005年8月底，我们全家到北京送菲菲上北大，小二非常高兴，也非常兴奋，我们在北京停了一周，带小二在天安门看了升国旗。参观了三所大学：北京大学、清华大学、中国人民大学。菲菲是导游，每所大学都做介绍，北大的未名湖、博雅塔、图书馆、百年讲堂。清华最早的主校门"清华园"、水木清华、自清亭、荷塘月色。人大的实事求是石、百家廊、世纪馆、牡丹园。特别是北大校园，小二兴致最高，真是"刘姥姥初进荣国府"，哪里都新奇。

这次北京之行，小二眼界大开，脑洞大开，可谓大有收获。回到家，用不着我陪，这小家伙竟然伏案提笔，诗兴大发，洋洋洒洒写下一篇数百字的日记——《我与北大》。

这个日记没有保存下来，但内容大致还记得。

北大之观感。

送菲菲北大报到全家照
2015 年 8 月 29 日北大西门留影

小二北大未名湖留影

成长与奋斗，理想与努力。

发出誓言：姐姐考上北大了不起！我有可能赶不上姐姐，但至少也要考上中国人民大学。

这是小二写得最好的一篇日记！

就这样，一次北大行，彻底地触动了小二，不但唤醒了孩子的自我意识，更有意思的是他从此爱上写日记。当然，我还是每天晚上陪坐，因为这已养成习惯，但这时的感觉非同以往，父子俩边写边谈，其乐融融。记日记是小学生最平常不过的一件事，但当被动变成主动时，效果截然不同。

写日记真的如此重要吗？是的。

写日记是一个相当好的习惯，一位著名的心理学家说过：一个好的习惯可能会造就一个好的命运。

写日记可以提高文学素养，完善文学功底，帮助写一手好文章。

写日记能让我们记住过去的某年某月某日，我们在干什么。时光如流水，但我们会珍惜。

写日记教会我们发现生活，感悟生活，学会感恩。

写日记能帮助我们珍藏回忆，即使我们忘了也不要紧，因为当我们翻开日记的时候，往日就会重现。

写日记能让人思考生活，思考人生，学会用理性的思想、感性的责任，去树立正确的人生观、世界观。

写日记让人抒发最真切、甚至是私密的心理感受，有利于心理健康。

日记，日有所记，记有所得，得有所悟，悟有所思，每日如此，终身受益。

而对于小学生，可以很好地提高写作能力。每天写一写，字数不限，真实最可贵。让孩子把每天发生的自认为重要的事、心里的快乐和不愉悦，都写下来，可以说是一种发泄，积累的是思想、是成长。

日记的本质是私密。孩子到小学四五年级通常会把心里的想法写在日记里，不想让任何人看到。所以，家长不可以偷看孩子日记，这是一条规矩，也是有修养的表现。如果实在想看，也要征求孩子的同意，这是一种尊重。

坚持写日记，能养成看、听、想、练的习惯，提高认知水平。

日记需要坚持，培养的是孩子的恒心和意志。

开始写日记，孩子愿意写什么就写什么，愿写多长就写多长，家长不要干涉。孩子的心理世界很微妙，大人无法揣摩更无法替代。所以，充分尊重孩子的意愿，才会让孩子爱上日记，找到写作的乐趣。无论如何，家长都不要代替孩子写，更不要对孩子提要求，这样会使孩子处于被动，永远也学不会写。

孩子写日记，开始感到最难的是不知道写甚？这其实就是素材问题。

素材是需要寻找的。

孩子年龄小、贪玩，缺少观察生活、体验生活的能力。要让孩子每天发现值得写的事情，对孩子来讲是一件不容易的事情。但每一天发生在孩子生活中的事情还是很多的，这就需要家长给予指导。

1. 在家庭生活中找素材。

在家里，孩子常会提出问题，只要家长能回答的，要尽可能回答清楚。当孩子明白了，就会有一种得到答案后的满足感、愉快感。把这些鼓励孩子写下来，不就是一篇日记？再如家里买了一些食品，就可以让孩子说说形状、颜色、味道，然后鼓励孩子写下来，也是一篇不错的日记。可以说，素材随处有，只是需留心。家里来了小朋友，阳台上的花开了，孩子画了一幅图画，拼接了一组积木，读了一篇好文章后的感想，与家长的一次游戏，为了一个问题一家人的争论，编了一个好故事，甚至孩子做了一个很好笑的梦……都可以成为孩子的日记材料。

2. 上学路上觅素材。

发生在上学路上，匆忙的行人，奔跑的车辆，路边的建筑，公园的花草树木，大幅的广告，天气的变化……凡是孩子产生新奇的事物，都可以写进日记，都会给孩子带来快乐，感受观察成功的喜悦。

3. 校园生活寻素材。

校园是孩子学习、生活的快乐之源，每天都有很多有趣的事发生。只是孩子不懂这些就是很好的日记素材，所以我们要及时引导，让孩子回忆在学校里、同学们之间发生的各种事情，有趣游戏，老师的一次表扬，自己喜欢的一节课、一次实验、一次活动，集体外出时的所见所闻，鼓励孩子写下来，统统都是好日记。

4. 节假日里有素材。

家长在节假日、周末聚会时经常带孩子走亲访友、游览观光。在这些快乐的日子里，我们家长同样要做个有心人，指导孩子体验生活，细致观察，甚至创造条件与孩子一起玩耍，给孩子创造玩的条件、机会，让孩子尽情享受其间的快乐，感受生活的乐趣。活动结束后，指导孩子记录自己在外感受最深、兴趣最浓的部分。这时孩子便会有说的，也有写的。

日记便由此产生。

5. 读书之中得素材。

孩子要写好日记，是需要一定的生活积累，需要一定的写作训练，更需要有一定的阅读积累。有了一定阅读量，孩子的视野就会开阔，知识面就会拓宽。孩童时代是最富有想象力的时代，平凡的生活现象在孩子们的眼里往往会变得非同寻常，一些奇奇怪怪的念头经常会冒出来。有时孩子玩玩具拼图，一边玩，一边自言自语，好像与另一个小伙伴在一起。高兴时，他会即兴表演，模仿电视里的人物、动作、腔调，大喊大叫，活蹦乱跳。更多地，孩子喜欢根据所读的一篇故事、一个童话，来充分发挥他的想象，重新组织，编出有趣的故事、童话来。这时候，我们给他及时的提示和引导，鼓励孩子多写、大胆写，记述的内容和种类就会越来越多，童话、故事、模仿写作、读书笔记，日记变得丰富多彩起来。

孩子学会观察，素材不再是难题。接下来就是孩子往往不会写，孩子不缺想写的，却不知道怎样开头，从哪儿下手？这时候，指导写作就显得十分必要了。

写日记是为小学三年级开始写作文前的一个铺垫，一个渗透。这时孩子年纪还小，不能要求人高。我们首先要更正的一件事，就是告诉孩子，写日记要围绕一件事来写，把事情的来龙去脉写清楚，写明白，写通顺就可以，而不是把从早上起床到晚上睡觉前的所有事情，像流水账一样全记下来。这样不对。我觉得，把这个观念扭正，是开始指导孩子写日记必须走的第一步。

此后的指导，我们是按以下三个步骤来进行的。

（1）说。每次写前，我都是让菲菲、小二先把一天的生活回忆一遍，然后选择可写的材料。经过一定的思考，孩子基本选好内容，这时要求孩子把要写的内容给先说一遍。这就是"说"日记。这个过程中，家长要认真倾听。听不明白的地方，可以问问孩子，指导他说清楚，说明白。孩子说通顺了，思路也就理顺了，再写就容易多了。这个"说"的过程不能省。

（2）写。由于孩子的识字量有限，所以孩子写作时，会遇到不会写的字，我往往坐在孩子旁边给孩子当活字典，随时提供孩子不会写的字。孩子写作时，家长坐在旁边，可以边看自己的书报，边给予随时指导和督促。虽然孩子可以查字典自己解决，但我认为那样太浪费时间。虽然孩子可以写拼音，但我认为写出自己不会写的字，孩子会有成功的喜悦；同时孩子还会多认识一些字，多会写一些字，避免了孩子一遇到不会写的字就想写拼音的懒毛病，提高孩子的识字率。

（3）欣赏。孩子写完后，我都让孩子给我们大声读一遍，全家人认真倾听，这会增加孩子的成功感、自豪感。读的过程中，会发现日记里存在语句不通、错别字等毛病，这时不用家长说，孩子也会自己修改，力求写得更通顺、更流畅。读完后，我们一般会找出孩子写得好的语句、段落，或比上次日记中长进的地方，来表扬孩子——这就是欣赏。注意，一定要有针对性，不要笼统地说好，那会让孩子感到不真诚，是应付。整个辅导过程中，家长一定要用商量的口气与孩子交流，这样孩子才容易接受家长的建议，使写日记成为快乐、轻松的事情。

孩子写日记，往往是边写边玩，特别费时间。因此，我在接孩子放学回家的路上，往往是一边走，一边指导孩子观察，一边让孩子构思要写的日记内容。这样回到家就可顺利进入写作，同时，我会限定写作时间，一般为半小时，以此来督促孩子提高做事效率，培养良好的时间观念。

很多年，我陪孩子写日记，开始是需要，后来是习惯，再后就成为一种享受。我喜欢每晚守着孩子，看她沉思的样子，听她悠长的呼吸，与她轻松地交流……这时我的心里，就会升起一丝甜蜜，一丝温馨，一丝透彻心底的愉悦。

重视孩子写日记吧！

很多有成就的作家，就是从写日记起步，学会驾驭文字，追逐心灵，放飞视野，一步一步走进神圣的文学殿堂。

日记，是孩子习作不可省略的步骤。

故事 20

爱与亲情——助推孩子心智走向成熟

经历了三件难以忘怀的事。

第一件是小二上四年级时候，有一天晚上，我骑自行车带着小二去北丰厂家属区看亲戚。当时我们这个县城的晚上，还不像如今灯火辉煌。在返回家的途中，西关小学、县电视台一路直线东行，骑至县人大楼前，不料绊在一块什么东西上，车把一歪，叭喳一声重重地摔倒，把小二甩出几尺远，我也膝部蹭伤。正自懊恼，却在黑暗里听到一声惊叫："爸！你没事吧，要不要去医院？"喊着跑过来，使劲扶我起来。

当时我心口一热，眼眶里竟然一阵湿润："小二，这是你第一次关心爸爸哦！"小二的语言和行为使我非常感动。

第二件是五年级时的夏季一天，下午放学后，小二和同学回家。在经过医院一段路上，玩耍时忽被一位同学推倒，头碰在一块石头上，当时血流了一滩，把大家吓坏了。幸好这时一位小二妈妈的同事医生经过，见状拉他去医院，缝了 8 针，至今留有疤痕。还好，有惊无险，终于放心。关键是在进医院的路上，小二担心地问："姨，我会不会死"？"这么点小伤，怎么会死呢？没事。"医生说。"那就好！要不我死了，我爸我妈会多伤心！"

还有一件，菲菲是女孩儿，感情就要细腻得多。

我们家那时住北坛，门前路口边有一排杨树。大概记得是在初一，某一天，有人抡斧砍掉两棵，被我们菲

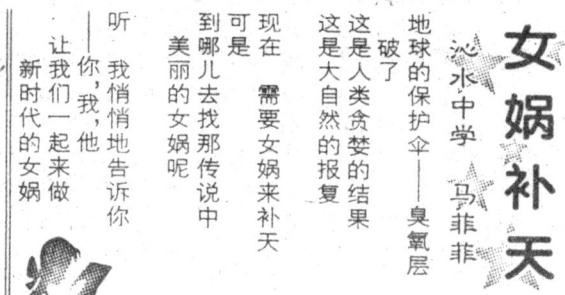

菲菲《沁水报》发表的小诗

菲看见。她跑回家拿了相机，接着冲出去。过了一会，她抱着相机回来让我看，原来她把白白的树茬子照了相，难受地说："爸，你说树疼不疼？这是破坏自然！"

过不久，也许是被砍树事件触发，菲菲写下一篇小诗《女娲补天》，在《沁水报》发表——抒发她对保护大自然的信心。

三件事，一个道理：爱与亲情，这人世间最美好、最无限的天性，支撑起整个人类生活的广袤天空。

我感到，当一个孩子懂得了疼爱父母，这是一个重要标志，意味着这孩子的心智开始走向成熟。

疼爱父母是世界上最高尚、也最自然的一种品德，就是孝。

孝是自古以来中国的传统美德。百善孝为先——历经了漫漫的历史长河，直到今天依然散发出它独特的美与壮阔。为了这中华传统美德更好地延续和发展，在孩子"少年不知愁滋味"的阶段，也是其世

界观、人生观、价值观初步形成的这个阶段，就必须让他们真切体会父母艰辛、良苦用心，从小学会心疼父母，学会孝顺。孝是社会生活的顶梁柱，一旦倾斜，整个国家就会崩塌。因此，孝的教育，就应成为我们教育事业的核心命题。

父母疼孩子没缝，孩子疼父母没空。

这句非常流行的话，其实总结出当前孝教育的困局。

父母是儿女第一位启蒙老师，其实，儿女更是父母们第一任老师。

世界上有一种最美丽的声音，那便是母亲的呼唤。

很多中国父母的爱很无私，对孩子从小管到老，管了儿子管孙子，一刻也不放松，丝毫不求回报。这是伟大的爱，但也是非常狭隘的爱。因为这爱的前头是一条死胡同，是单程路，从这头到那头，没有河流蓬勃入海的那种力量。

爱是一种自然，一种天性。

孝却不是与生俱来，需要栽培，需要浇灌。

孝教育是个大课，还没有标准的教材。

如何培养孩子学会孝顺，各家做法不同，都在摸索。

而我的措施是，在菲菲、小二入学初中的第一天，我严肃地对他们说：上了初中，你就不再是小孩子了，很多事要自己拿主意、自己解决，闯了祸也要自己负责。

话不多，但我给孩子划出一条红线——人生之路自己走，自己负责。

孝从来就是一种责任。

小学五年，教育内容很多，很宽泛，我们为两孩子操碎了心，付出太多，从来未感到丝毫轻松。而在回顾这近两千天的小学生活与教育，我把最后的话题归结于孝的教育，自以为是抓住了重点。

附录（二）：

孩子小学五年我们只做了一件事——鼓励

时间过得飞快，好像只是一眨眼，孩子就已小学毕业。

回顾这五年，我们对俩孩子做了很多，但根本上其实只做了一件事——鼓励。

五年小学教育，要学很多很多。虽然义务教育阶段课程要到初中三年级才全部开通，但明显地，孩子在各方面都进步很大，迅速拔高。那么，五年时间不算短，我们的孩子到底学到了什么？

细细去想，其实就学会了以下这些：

（1）养成书写姿势、汉字、字母等书写规范的习惯。

（2）养成汉语拼音发音准确和说普通话的习惯。

（3）养成上课认真听讲、按时完成作业的习惯。

（4）养成有错就改、遵守纪律的习惯。

（5）养成尊敬老师，与同学友好相处的习惯。

（6）养成阅读儿童课外书刊的习惯。

我们对孩子的鼓励，就是始终围绕这六个习惯开展、进行的。

什么是鼓励？

鼓励有很多种理解、很多种做法，各个家长执行起来不尽一样。

而我们家对鼓励孩子的理解和方法比较独特，集中在了一点：就是当孩子受到挫折、遭遇失败时，首先要从我们以及孩子自身考虑，多方面寻找原因——自己努力了没有，方法是否正确，时间上保证了没有，作业是否按时完成，作息是否遵守时间，锻炼是否坚持……

每每遇到类似情况，我妻子李爱萍就会用她独创的一句"格言"反复提醒孩子："好好想想，咱到底战胜了自己没有，如没有战胜自己，就不可能战胜对手。想要战胜对手，首先战胜自己"。

"想要战胜对手，首先战胜自己"。这句"格言"，我妻子一直提醒到俩孩子参加高考。

当然，这种话语比较理性，不像日常说话好懂。刚开始孩子听了，常是咯咯笑，但任何力量都打不败坚持！经过一次又一次、每次又每次反复提醒，菲菲、小二终于不再嘲笑，开始逐渐领会母亲这句话的分量，感受到"妈妈格言"背后的沉重意味和压力，逐步树立起不怕困难、战胜困难的信念。这种信念用在学习上，迎难而上。用于人生，百艰不摧，昂首前进。

正是这个"妈妈格言"，把我们俩孩子推进了北大。

菲菲上小学一二年级时，工作不是很忙，所以有大把时间来陪伴孩子，辅导孩子。后来，特别是等到小二上小学，根据组织安排，我调到了不同部门，工作任务大了，担子重了，责任大了，事务多了，整天忙于开会、学习、调研，再无专门的时间来照顾孩子。于是，培养教育子女的重担，就主要地落在了妻子李爱萍的肩上。

李爱萍毕业于省卫生学校，属中等专业教育。上小学时，在柿庄小学，那时，她的成绩就很不错，尤其数学，非常优秀。从她自身学习经历，以及当了妈妈后的体验，李爱萍其实形成了自己在培养教育子女方面的一些观念和主见。对待孩子，我比较懦软，常是细声慢语，但性格有时急躁，也会疾言厉色，有时辅导孩子也会唠叨，孩子听了也嫌烦。而李爱萍不同，抓住要领，一句点明，再不多说。所以，两个孩子对妈的话，总是认真听取，不敢掉以轻心。

两种风格，效果相同，目的一致。

天下母亲无不疼爱孩子。李爱萍用全部的爱和精力，投入了对儿女的栽培教养，开始学习、钻研小学教育，摸索规律，颇有心得。常常地，我们交流沟通，在很多问题上达成共识。

小学的任务是打基础，全部教学围绕这个重点。

我们认为，小学五年，其实可以分为三个阶段：

1. 一二年级。

这时孩子还极其依赖父母，但也是一些行为习惯养成的关键时期。家长望子成人、成才的努力能否成功，就也系于这个阶段。这时期，培养孩子对于学习的态度要下工夫，尤其在课堂上的表现、都将直接影响到孩子性格特点的形成。

2. 三四年级。

是孩子由依赖父母到自立能力增强的转型时期。这时孩子开始主动、积极地接受知识，常有很多机智表现，会不时地让父母惊叹。

三年级，是道坎儿！

这句话在家长、老师中广为流传，其中是有一定规律和道理的。三年级为什么如此重要？因为它是小学阶段很重要的转折期，主要有以下几个转变。

①在生理和心理特点上变化明显，是培养学习能力、情绪能力、意志能力和学习习惯的最佳时期。

②在孩子从一名儿童成长为一名少年，逐渐有主见。

③在孩子的情感发展由易变性向稳定性过渡。从情感外露、浅显、不自觉向内控、深刻、自觉发展。

④从被动学习主体向主动学习主体转变。

三年级也是最容易出现一些问题的阶段。

　　进入三年级后，我们会明显发现孩子的学习内容增多了，加上学习压力增大，难度的增加，孩子娱乐的时间变少，在长时间的学习中，会产生厌倦感。学习的自控力和主动性不够。

　　这时孩子就会想方设法宣泄自己的情绪，容易变得浮躁，学习不踏实，成绩时好时坏，起伏大，不容易静下心学习，作业不认真，一些不应该犯的错误频频出现。这些都表明：孩子的自控力欠缺。

　　与此同时，孩子的主动性减退。常常是只完成老师布置的作业，不愿意做额外的习题，尽管这些习题有助于巩固学习成绩。

　　这时候，我们能做的，就是及时给孩子确定明确、具体的目标。其一是远期目标，让孩子明确学习的意义，把学习和自己的理想联系起来，这个理想不一定就是孩子以后要从事的事业，但是孩子有了一个奋斗的目标，会产生持久的学习动力。二是近期目标，最好是一两周内通过孩子努力就可达到的。在这过程中，我们特别注意经常关心、询问孩子的学习情况，每有进步，一定表扬。表现不佳，也要适当批评，但语气一定要拿稳。

　　一个目标达成后，再制定一个新的目标，给孩子适度的压力。孩子年龄小，许多事情的利害尚不知晓，不太懂得学习的意义，不愿意在课本知识上多下工夫。所以，需要我们对孩子适时施加压力，这就好像给汽车加油，而不能听凭孩子完全自由行事。如此，激发孩子学习的主动性。

　　三年级时，考试内容扩展，不仅仅是只考课本知识了，这就要求孩子在课外要大量地阅读，汲取知识，补充课内所学。和低年段的阅读理解不同，除了对字、词、句的把握，三年级的阅读理解更多的是延伸到了对段落的理解和归纳中心思想。这对孩子来说是很困难的。

　　同样的情况也出现在数学中，稍难的题目学生就自动放弃了，导致孩子越来越懒，压力越来越大。

到了五六年级是孩子主动、全力吸收知识的时期。我们发现，这时候家长能教给孩子的东西已经不多了。这时候我们能做的，差不多只剩下多给孩子提供优良的学习空间与条件。

这三个阶段，是大体上分开，不一定科学。但在整个小学期间，我和妻子还是抓住了重点，这就是"两个抓"。

1. 抓学习态度。

在小学低年级，孩子的成绩并不能说明什么，但在这个时候，孩子的学习态度却是最重要的。我们发现，孩子今天学习态度端正，今天的作业就会做得又快又好。如果今天不想学，做作业就根本不起劲，腻腻歪歪的总是拖。有些家长以为，"孩子随便学学就会，不用太努力"这是错误的。学习态度是积极主动还是消极被动，是认真努力还是敷衍应付，这绝不是小事。不加重视和干预，会严重影响孩子今后的学习乃至生活。一二年级知识点比较少，学起来比较简单，所以有精力的孩子，课外时间可以多发展些其他兴趣。但不论课里课外，学习态度必须端正，不能随便学学就会了，会了就算了。

2. 抓学习习惯。

小学一二年级是孩子可塑性最强的时期，也是形成良好学习习惯的重要阶段。如果家长此时盯紧一些，把习惯培养好，以后就轻松了。如果家长此时偷懒，将来或就需要数倍的精力来弥补、修正，事倍功半。所以此时我们家长一定要加倍重视，帮助孩子养成良好的学习习惯。如合理安排时间、上课认真听讲、独立阅读思考等等。

孩子在学习方面的好习惯养成，不是一天两天的事情。刚上学的孩子还是一张白纸，你写什么就是什么，画什么就是什么。所以，好习惯要从小培养，慢慢巩固，将对今后的学习产生重大影响。

成功的人，很早就养成成功的习惯

——余世维

第四章

夯基础（初中教育阶段）

故事 21

抄袭很丑陋——自觉意识唤醒

1999 年 9 月，菲菲进入沁水一中读书，开始了初中生活。

初中三年是个多事之秋。

这个时期，义务教育阶段的课程全部开齐，孩子们也进入青春躁动期，有了初步的独立思想，言语行为标新立异，更有早熟现象，萌发对异性的注意和爱慕……

相信，家长们没有一个不感到头疼。

进入初中，第一学期的期中考试，由学校统一组织安排。考完政治后，中午放学回来，小菲菲心情特好，哼哼唧唧唱着歌，蹭到我跟前一脸得意地说："爸，上午考政治来。这次考试监考老师不严，我抄了别人的，差不多全答对了"。我当即沉了脸，正要批评，那小家伙见势不妙，早哧溜一声跑掉，缠她妈去了。

此后几天，我逮住她就说这件事，毫不给她留面子。

这时我是改变了些方法的。小学时，基本上是哄着她，现在已是中学生，就必须不能再客气，要认真对待了。

我说："菲菲，你知道爸很不高兴，特别不高兴！考试的目的，是检验你某一门课学得怎样，是不是扎实，掌握得好坏。可你呢，抄别人的。这是什么行为，这是偷，是盗窃，是弄虚作假，是不劳而获，是不道德，是卑劣行为，很丑陋。考试也是对一个人的品质、诚信度的检验。你给我记住了——做人要堂堂正正，做事要光明磊落！人活一张皮，再不要给咱丢脸。这件事揭过去可以，但你必须做出检查，深刻认识，改掉毛病。你如再犯，爸和你没完"。

一顿连说带训，把她搞哭了。

我深信，该出手时就出手！虽然有些尖刻但一定会产生强烈刺激的批评，会深刻印在她脑子里。防微杜渐，有助于她在今后的人生中，远离丑陋，避免犯错。

事实果真也证明，这次"修理"效果甚好。在此后的所有岁月里，我的小菲菲谨小慎微，加倍地注意自我修养，做事说话逐渐走向成熟。古人说，过而能改，善莫大焉。这里所说的善，其实就是人的自我意识唤醒。

学生抄袭作业的现象，无论是初中还是小学可以说都有不同程度地存在，甚至有普遍性。抄袭作业最明显、最直接的后果，是该课程所学的知识内容没有理解掌握，成绩不断下降，从而以后与同学之间的学习水平差距逐渐加大。由于作业不是自己做的，所学新内容得不到巩固，特别是数学，前后的知识联系比较紧，低年级学不好，高年级就更难了。长此以往，必然掉队。

抄袭现象是个客观存在，这是一个学习习惯问题，这不是小事，我们务必在思想上高度警觉。这种现象危害极大，欺骗老师，欺骗家长，自欺欺人，后果不堪设想，将会养成不诚实的品性。

抄袭是一种盗窃行为。

远的不多说，会影响社会和谐和稳定，因为抄袭作业是不道德行为和不诚实的表现，发展下去将危害自己、危害家庭、危害学校，最终毁灭自己的前程。近的来说，会直接影响学生的心理健康。由于长时间抄袭作业得不到及时纠正，受到老师的越来越多的批评和同学的讥讽，心理压力会越来越大。抄袭使作业失去了应有的意义，还会逐渐影响到一批同学，蔓延趋势令人惊讶。有抄袭习惯的学生，都是从偶然开始的，可能会从一门功课的作业，蔓延至数门。形成习惯后，上课不专心，经常开小差，对于问题也不去积极思考，久而久之，就会在心理上形成一种消极依赖，从而也会影响到周围的同学产生效仿效应。

小学或入初中一年级的学生正处于好玩的年龄，有的往往迷于玩电脑游戏、上网聊天，为了应付老师布置的作业，腾出更多的时间玩，他们就选择了复制；也由于各科作业太多，为了按时完成，就想到了节省时间的抄袭；还有就是上课不喜欢听讲，或者是听不懂老师讲的课，兴趣丧失，因而也就不懂，不懂就不会做，不会做只好抄袭。

有种现象很有趣。

小学高年级到初中一年级阶段的孩子是喜欢拉帮结派的，常有小群体。平时在一起玩得来，互通有无就成为讲义气表现。所以，抄作业也多是抄好朋友的，被抄者也扬扬得意。

那么，如何纠正这种行为呢？

发现抄袭后，不能仅仅指责双方，而要讲出道理。尤其是被抄者，必须认识到自己这种"帮助"其实是在害同学，后果极其严重。

要尊重学生的自尊心。采取当众指责、处罚、辱骂等不当方法，只会严重挫伤学生的自尊心，甚至使学生产生一种敌意。

正面激发学生的自信心。应以温和与宽容的态度去对待学生，找出抄袭根源，向学生说明抄袭的危害，鼓励孩子相信自己的能力，指导他们去独立完成作业。

那么，抄袭行为又怎样和自我意识挂钩呢？

这是一种因果关系。

任何进步都是从改正错误开始的。

自我意识是一个人对自己的认识和评价，包括对自己心理倾向、个性特征等的认识与评价。正是由于人具有自我意识，才使人对自己的思想、行为进行自我控制和调节，使自己形成完整的个性。自我意识在个体发展中有十分重要的作用。

小学、初中生的自我评价包括身体的外表、学业成绩、行为表现、运动能力、周边同学的接纳度。身体外表是胖是瘦，学业成绩是好还是坏，同学老师是否喜欢自己。这些评价会对孩子的自信心有不同程度的影响。

小学、初中生的自我意识一直处在发展的过程中。在这个阶段，父母要多教会孩子们什么是善，什么是恶，要让孩子在意识中懂得如何去分辨。

自我意识的培养与发展是一个漫长、循序渐进的过程，它包括许多方面认识与能力的提高。它是小学生健全人格形成的基础，是个体身心健康得到发展的有力保证。我认为唤醒孩子自我意识，要在五方面下工夫。一是自知，即帮助孩子提高自我评价的水平，能够客观地看待自己的优点与缺点，形成积极的自我观念。二是自信，即帮助孩子提高自信心水平，确立积极的自我形象。尤其是那些有缺点和学习成绩不理想的孩子的自信心，更要特别注意保护。三是自强，即指导孩子为自己设置合理的发展目标，学会进行有效的自我激励，增强自我完善的愿望和进取精神。四是自主，即为孩子提供更多的自我管理的机会，增强他们做事情的自觉性。五是自制，即帮助孩子提高自我调控的能力，增强克服困难的勇气和毅力。

自我意识是个重要概念，在培养、帮助孩子成长过程中起着基础作用。用简单的话说，唤醒自我意识其实就是孩子有了毛病，想办法帮助改正，促进他向好的方面发展。

故事 22

带头罢考——这次是为了公平正义

时隔不久，菲菲又出事了！

这次已不是抄袭此等简单，而是动作更大，公然鼓动一帮同学举行罢考，把事情闹到了教务处，学校决定进行调查。

消息传来，把我急出一脑门子汗。

了得啦！丁点大个小闺女，就敢带头"造反"，大了怎么拢得住？太出格了，太不像话，太……

这天放学，我黑着脸早早坐在沙发上，拉开架势，准备等她回来好好收拾一顿。不料，这妮子根本不怕，大大咧咧进来先冲我下巴一抬，说，爸你肯定要批评我，是不是？但这次我们是为了公平正义，不是胡来。

考数学之前，同学们相互传了几道题，在寻求答案，进入考场后，才发现是考卷中的几道原题。

原来，是本次期末考试漏题了。

学校调查结果是，考题在进入校印刷厂印制时，由于操作环节不够严谨，监督不力，致使考题出厂之前就已泄漏，许多人晓得了卷子。

这……

我没想到事情会是这样，一时窘住，不知如何开口。对菲菲更不知该批评呢，还是表扬。批评吧，孩子们明显没有错，他们的确是在尝试维护自己权益。公平、正义是全人类共同的终极价值取向。如果连这最美的价值观也不能保护，那就是是非不分。而且，我这时也打心眼里开始同情女儿，从小有一种正义感是可贵的。打击她，就是打击正确。表扬呢，也不行，虽然孩子们出发点没法挑剔，但其做法值得商榷。因为这毕竟是过激，是冲动。除了罢考，还有别的办法嘛！

但为了保护一个父亲的面子，我还是严厉批评了女儿：不错，你们是在维护公平正义，这个爸认同，但方法欠妥，除了罢考，就没有别的办法了吗？题泄漏了，可以向学校反映，为什么要采取极端措施。罢考是什么，是对抗，是偏激，是不负责任。小小孩子，从哪学的这么些乱七八糟毛病！

菲菲噘起嘴。

学校也和了稀泥，因为责任在己，不可推托，只把失职人做了处分，没再追究。

庆幸的是，事后获知，菲菲所在班的同学并没举行任何活动庆祝他们的胜利，反而是自觉维护课堂纪律，人人埋头学习，仿佛一下子就全懂事了。

公平正义是人类共同的追求。

公平正义是一种伟大的美德。

公平正义是社会的稳定器。

公平，就是处理事情合情合理，不偏袒哪一方面。正义，就是公正的、有利于人民大众的道理。公平是正义的体现，正义是公平的保障。没有正义就没有公平。维护社会的公平正义，不仅需要政府的领导、法律法规的约束，更需要社会上每个人积极参与。这就要求我们每个人都要有正义感。

曼德拉是南非第一位黑人总统，他同南非种族隔离制度进行了几十年不屈不挠的斗争，赢得了全世界人的支持和喝彩。因此，有人说，曼德拉已经成为一个时代的象征。

曼德拉的反抗精神、对正义和理想的追求在童年就已形成。

曼德拉出生在一个小村庄，9岁那年父亲就去世了。从小曼德拉经常目睹当地大酋长在解决部落争端过程中，被白人政府的法律所约束，造成许多不公正以及大量罪恶。于是他逐渐萌发了寻求正义和平等的理想。年纪更大一些后，他多次领导同学抗议学校的白人法规，甚至因领导学生运动而被除名。为了祖国的公平正义，他被关进牢房，禁锢了27年。在一次次的斗争中，曼德拉逐渐立下志愿——要为南非的每一个黑人寻求真正的公正。

古今中外，人们常常把行侠仗义、打抱不平，视为最有正义感的表现。这是人们推崇的一种英雄气概，是一种高尚的情操，体现了崇尚正义、追求公平的美好愿望，是"路见不平，拔刀相助"的侠义精神。但正义感不仅仅体现在敢和坏人坏事做斗争方面，更多的是体现在人的一言一行中，体现在社会生活的方方面面、大大小小事情上。遵纪守法、尊老爱幼、文明礼貌、救死扶伤、扶贫济困等，才是最有正义感的表现。

有正义感，首先要分清是非对错。有很多人是有正义感的，心地善良，疾恶如仇，但由于辨别是非的能力比较弱，往往在一些具体的事情上搞不清对错。于是有的好心办了坏事，还不知道错在哪里。有的触犯了法律还以为做了好事，当警察把手铐戴在他手上时才如梦初醒。所以，培养、树立正义感，提高辨别是非的能力是前提。而这种能力的提高，最基本的一条就是加强学习，特别是加强基本法律法规、道德规范的学习，从而弄懂、把握哪些是社会提倡的，哪些是社会反对的，哪些事可以做，哪些不能做。

那么，怎样才能成为一个有社会正义感的人呢？

要为人正直。为人正直是做人最基本的品德，是有正义感的基础。

把尊重和遵守制度、规则和程序纳入自己行为的习惯。我们要让孩子从小养成自觉遵守各项社会制度、规则的良好习惯，以实际行动维护正义。

不伤害他人、不侵犯他人的基本权利，这是公平正义的最起码要求。在一个法律社会里，每个人都负有不伤害他人人身的义务，每个人的财产权、名誉权、隐私权等，都应当得到同等的尊重与保障。正义保障人民的生命和财产安全，使人民得以生存和发展，推动社会进步。

鄙视非正义行为，当遇到非正义行为发生时，对实施非正义行为的人要进行积极劝说、制止，必要时以自己的勇敢和机智同非正义行为做斗争。

要堂堂正正、立得正行得稳、爱憎分明、正气凛然、正大光明、无私无畏。

有正义感，要身体力行。维护社会的公平正义，人人都是参与者，实践者。有正义感，最主要的是要体现在自身的行动上，不能空喊口号，不见行动；不能只要求别人、只要求政府，不要求自己；更不能说一套做一套。而要处处、时时、事事都以正义为标准，来规范自己的一言一行，有所为，有所不为。

开放文明的社会，需要正义；经济日益繁荣的社会，需要正义；建立和谐人文的社会，更需要正义。让我们在每一个人的心中根植正义，生长正义，壮大正义；让我们一齐呼唤正义，坚持正义。

倾听先贤的呐喊，对我们是激励：

敬人者，人恒敬之。爱人者，人恒爱之。

——孟子

没有单纯、善良和真实，就没有伟大。

——（俄）列夫·托尔斯泰

人与人之间，只有真诚相待，才是真正的朋友。

——（尼日利亚）哈吉

君子出处不违道而无愧。

——宋·欧阳修

立身一败，万事瓦裂。

——唐·柳宗元

宁以义死，不苟幸生，而视死如归。

——宋·欧阳修

守法持正，嶷如秋山。

——唐·刘禹锡

正义是人类最大的利益。

——（美）韦伯斯特

菲菲一帮孩子弄出的这一次罢考事件，给我敲响了警钟，也引起我一些反思。

在从小培养孩子整体素质中，公平正义是不可或缺的重要一环，而且随着孩子一天天长大，其灌输的内容应有所更新、有所偏重。这时候，家长掌握的知识往往不够用，适时进行学习、补充，就成为必要的经常性工作。若非如此，则不足以应对发展的需要。

而我，这方面一直是比较努力的。

故事 23

学习过程中的情绪控制——厌学

孩子上了初二，所谓青春叛逆期，一般经常会出些乱子。

就在初二上学期，我们菲菲突然对数学老师产生逆反，特别讨厌数学课。有天回来，对我说，爸，数学老师讲得不好，我听不懂。我不喜欢学数学！当时我不清楚什么原因，只是劝她：数学是一门基本课程，没听说吗，学会数理化，走遍天下都不怕！数学太重要了，你不能任性。再说尊重老师是对学生的基本要求，完成作业是对老师的尊敬，也是一个中学生起码的品质。

菲菲没吭气，但我知道问题没解决。

这事情不小！一个学生连数学都不想学，会是什么后果。

我有些着急，跑去学校找到个朋友询问，他咧嘴一笑：不要听孩子瞎扯，她这是厌学，一般学生都会在某个阶段产生厌倦感，这种情绪控制不好，对学习影响很大。你要注意呢！

原来这位数学老师是山东人，因两地分居商调过来的，在当地名气不小，是个非常优秀的教师，他教学与众不同，很有一套，教学成绩突出。可能是山东口音吧，开始时孩子们大概还听不大懂，但过上一段也就接受了。

我把这些讲给女儿，叮嘱她，这是个好老师，山东人，口音和咱沁水有差异，你得有个适应过程。你要尊重这位老师，必须学好数学！不能讨价还价。

菲菲很懂事，也许她是更多体谅这位山东老师的难处，从此态度大变，不但与老师处得非常好，成绩也嗖嗖地往上蹿，在后来的历次数学考试中，她都稳居全校同年级前 3 名，再没落后过。

更感人的是，菲菲竟与老师成了朋友，老师非常关注她的成长，高中、大学期间也没间断联系，可谓莫逆之交。在她结婚时，这老师携丈夫前来祝福，师生执手言欢，脸上如天空般的清明，让我至今难忘。

我懂得了，小不点点的学生娃娃虽然天真烂漫，却也会产生厌学、厌倦感这种糟糕的情绪。

厌学心理是对学习产生厌倦乃至厌恶，从而逃避的一种心态。据相关调查，二年级学生厌学率为 2.6%，三年级厌学率为 3.3%．这个比例不算小。小学生的童年应该是快乐的、放松的，可孩子们的学习负担实在太重了，孩子承受不了，开始厌学，甚至逃学。

出现厌学有哪些表现呢？

注意力不集中，上课不能专心听讲，易受环境干扰而分心。

做事有始无终，做题粗心大意，大题不会做，小题总出错。

上课走神发呆，写作业小动作多坐不住，不断地以喝水、吃东西、小便等理由中断，做作业时间明显拖长。

对家长的指令心不在焉，似听非听。

研究调查显示，学习成绩不好的孩子，注意力问题占 69%，虽然在青春期有一部分孩子的这个问题会得到解决，但仍有 30% 的孩子注意力问题会伴随一生，负面影响非常之大、之广。

分析孩子产生厌学的原因，主要有以下几个方面。

1. 家庭因素。

过分溺爱或放任自流。由于物质条件十分丰裕，孩子想要什么就能得到什么，几乎所有需求都能满足。过度的物质化与娇惯，使孩子养成想学就学，不想学就不学的恶性学习心理。这是厌学产生的主要根源。

2. 学校因素。

尽管素质教育早已提倡多年，但片面地追求分数，一味地追求优秀率和升学率，只重视学生成绩好坏，而不注重学生德、智、体、美、劳全面发展，仍然是当前教育存在的死结。同时在教育手段上也还延续着应试教育的灌输、注入、填鸭，导致学生缺乏学习的内在动力。空前的危机感使得老师把所有心思都用在提高升学率上，而升学率又是靠学生成绩来判定的，于是不得不给学生布置大量作业，陷入"题海战术"，加大了学生压力。压力之下，厌学成为灾难。

3. 学生自身因素。

有的孩子学习成绩不好，并非是真的厌学，也不是懒惰、智力低下，而是存在着严重的学习能力不足。学习方面的严重落后，影响了学习的成效，具体来说就是：许多孩子花费大量精力来做练习，却事与愿违，成绩总得不到提高。这与不会制订正确的学习计划有关。没有一个科学的学习计划，不会对科目进行统筹安排，学习起来顾此失彼，对知识死记硬背，对课程内容不会抓住重点、难点，不会灵活运用、举一反三、融会贯通。久之，对学习再也提不起信心，不厌学也不行了。

4. 知识难度的加大和知识量剧增，也是导致厌学的最主要因素之一。

孩子在幼儿园、小学时，学习比较轻松，知识点很少，学习是一件比较轻松的事情，有的孩子甚至平时不爱听讲，考试时却总是能名列前茅，所以在他们大脑里形成了一种概念：学习算什么！而到了初中、高中以后，当他们还没有完全适应这里的学习生活，大知识量、大的学习难度已突然间降临到他们头上。孩子们猝不及防，顿时手足无措。这个时期充满跌宕起伏，小学的优等生可以转变成劣等生，初中的末等生、中等生也有可能转变成优等生。但许多好学生一下子从顶尖跌落下来，虽努力挣扎而无效，不免心灰意冷，厌学也就是自然的事了。

大多数孩子厌学已成为当代社会和家庭一个十分棘手的教育问题。具体到我们家长，如何正视、针对、解决这个难题，成为紧迫任务。

我的做法是：

1. 与孩子多沟通、多交流。

家长要多和孩子进行平等的交流，及时了解孩子的思想动态，发现有什么不好的苗头及时解决，这样可避免或减少孩子厌学、逃学问题的发生。

2. 正确看待孩子的学习成绩。

家长要正确对待孩子的学习成绩。一般要多表扬，少批评。研究表明，孩子在学业上的成就及积极性格的形成，与家长的褒奖密切相关。对孩子的进步，哪怕微小的进步，也应给予肯定和表扬。

3. 运用科学的教育方法。

当孩子犯错时，切忌简单、粗暴，甚至棍棒相加，要动之以情、晓之以理。要知道父母的鼓励、理解和信任是非常重要的。也要经常与老师沟通，全面关心孩子的健康发展，使孩子增强学习的信心和兴趣，不要求孩子学得最好，但要求其学得更好。

4. 鼓励孩子确立明确的学习目标。

帮助孩子端正学习态度，掌握学习方法。有了正确的学习目的、良好的学习态度，才能从根本上克服厌学情绪。

5. 及时激励孩子，让他在成功中感受学习的乐趣。

孩子往往很在意别人对自己的评价，他们一般是按照别人的评价去认识自己的。有时候一句赞扬的话，都会让孩子活泼几天。

有些人认为，智力因素对学习成绩不完全起主导作用，但它会影响到对知识的接收能力。学习能力有两个重要指标：一是学习方法，二是对知识的接收和理解能力。适合自己孩子的学习方法，是孩子成绩提高、学业有成的保证，也是有效预防厌学的保障。我们要让孩子建立一种信念：学习要一步一步地来，不能浮躁急切，每一个知识点都要掌握它的方法和步骤。我们更要让孩子感觉到学习是一种快乐，而不是一种负担。

故事 24

任性的代价——小孩子都会偷懒

男孩与女孩的差别在哪里？我以为就两个字——淘气。

女孩比较喜欢文静。

男孩喜欢热闹，爱折腾，不消停。

这个特点在我两个孩子身上体现最明显。

小二进入初中，自感入学成绩不错，全校同年级近七百名学生，他排一百名左右。所以，不免产生些骄傲感，说话夸夸张张，有时还吹个小牛，"我后面还跟着六百名学生呢！"飘飘然不知天有多高，地有多厚。对此，我们多次敲打，希望他收敛。但孩子就是孩子，好感觉充满全身，对父亲的话也就不听。

初一时，他终于闯出个祸来。

这次是偷懒取巧。

历史期中考试时，这孩子考得很好，因为他在小学时看了不少历史书，如：《中华上下五千年》《世界上下五千年》《史记故事》《资治通鉴中的大智慧》等，还有，他的卧室墙上贴了一张《中国历史大事记图表》。他应该有点历史知识基础。因此，他自我好感觉又提高一层，加之历史是副课，不怎么瞧得起，就连作业也不做了。不料被老师检查作业时逮住了！这老师查作业是抽查，随机取阅，因为马笑天在班里这门课掌握的相对好点，对他放心，一般也就不查。可是，不知为什么，这次突然就抽了他。打开作业本看，白的，没做，不但这次没做，前多次也没做。老师大吃一惊：这小子骗人哩！就给我打电话，说了情况。我也脑袋一懵，一时竟不知该如何是好？很快我见了老师，沟通商定：1.把落下的作业补起来；2.坚持每次都抽查他。坚持一段，看看情况如何再说。

果然，这之后查作业，马笑天必在其中，吓得再不敢马虎，把作业做得漂漂亮亮，加上他字写得好，老师懊恼顿减，决定既往不咎，给我电话上告知：行了，你孩子好了。

我俩笑了一阵。

过了不久，有天小二哼哼着放学回来，进门喊饿要吃饭。却被我拦住，带他进了做作业、看书的地方，也是他的卧室。坐下说：你最近犯错了没有？小二愣了一下：没有呀，我能犯啥错？我暗示他：历史课。小二顽皮一笑：哦，爸你知道了……我不再客气："你这是欺骗！知道不知道。"小二脸一下变红，粗着气跟我争：历史我学得最好，就是闭着眼也能考好……

见他这么狂，我勃然腾起一股怒气，正要发作又想不合适，起身拂袖而去，把他晾在那里。

这顿晚饭吃得好安生。

只是小二一边拨拉饭，一边两只眼在我脸上不停地偷看。

大约过去一个月，这孩子见我不再提起，以为没事了，马上就又故态复萌，淘气地不消停。

这让我们两口子好操心。

偷懒是大人小孩共同的一个毛病，谁都有。

大人偷懒比较好办，不爱工作挣不来钱，日子过不下去，就会勤快起来。而小孩偷懒则不大好弄，报道说有小学生有过一个学期不刷牙的记录，父母很苦恼。

那么究竟是什么原因导致懒惰心理的产生呢？

1. 依赖性强。

如今的孩子都有严重的依赖性。任何事情都要靠父母或其他人，没有主见，缺少独立性，他们在家靠父母，在学校依靠老师，在社会上依靠别人。这种依赖性是导致懒惰的主要原因。

2. 缺少上进心。

上进心是前进的动力。缺少上进心的孩子做事容易满足，对自己要求不高，做事不求真，常抱着"应付"的态度，"混过去就行"。这种缺少上进心的表现，必然导致懒惰产生。

3. 家庭影响。

从客观上说，家长的过分溺爱，也是造成学生懒惰心理的因素。爸爸妈妈对孩子的过分娇纵，大包大揽，只会使孩子从小养成"衣来伸手、饭来张口"、不劳而获的坏习惯。有的家长本身，就缺少时间观念，没有勤劳的习惯、果断利落的作风。"身教重于言教"，这样的家庭影响，孩子不懒可能吗？

孩子偷懒主要表现在两方面。

1. 思想方面的懒惰。

懒惰的孩子常有"明日复明日"的思想。明知道这件事应该今天完成，却总期待着能够明日去做。在完成当天作业时，常找出各种理由拖拖拉拉，边玩边学，时间晚了，就想明天早晨早点起床再完成，而第二天又起床晚了。这种现象是孩子最常见的。

懒惰的孩子常有依赖别人的思想。懒得动脑思考问题——这是最可怕的一种懒，只会使孩子的思维变得越来越迟钝。

2. 行动方面的懒惰。

思想的懒惰必然导致行动上的懒惰。懒惰的人明明知道某件事应该做，甚至应该马上做，可就是迟迟不做，或硬挺过去。做事时总是无精打采、懒懒散散、拖拖拉拉。久而久之，养成做事不积极、不主动、不勤快坏毛病，改起来很难。

那么，如何应对孩子偷懒？

懒惰是成功的绊脚石。懒惰的孩子习惯于等、靠、要，从来不想去主动争取，最终只能是一事无成。只有勤奋、刻苦、好学、上进的孩子，才会达到梦想的目标。所以，尽早让孩子克服懒惰，对家长来说，是务必重视、解决的一个问题，千万别让孩子养成这种坏习惯。任何毛病一旦形成习惯，就不好办。

我们家的做法是：

①养成孩子每天清早按时起床的习惯，菲菲执行得好，小二就差些了，但我们要求严格，坚决不准赖床。一般从起床到洗漱完毕不会超过 15~20 分钟。

②树立劳动最光荣的观念。在家里，孩子必须主动干一些力所能及的事情，帮助父母打扫卫生、洗自己的衣物，不依靠别人。重在参与，

从而锻炼孩子的动手能力，同时也磨炼耐力。

③制定学习计划。孩子所有各科作业，都严格按老师规定的时间保质保量完成，完不成不准睡觉。不惯他的"明日复明日"、拖拖拉拉的毛病。

④寻找榜样。找一个学习勤奋，做事勤劳的同学，作为自己孩子的学习榜样，有机会请这孩子来家玩，和我们孩子多相处，自然就会成为好朋友，互学互助，一起进步。初中阶段，小二与校第一名同学就是至好的朋友，他俩形影不离，一起学习一起成长。这个同学，到中考时取得全县第一名的好成绩。

⑤厌恶疗法。画一个小丑娃贴在墙上，每当发觉孩子有懒惰心理、行为时，就在小丑娃的脸上黑笔一勾，或涂些颜料。久而久之，孩子随时看到丑娃丑陋的样子，就会提醒自己改掉懒惰的坏习惯。

⑥家长以身作则。当孩子踏踏实实做作业时，如果家长在旁边玩手机、打游戏，孩子必然也不能静下心来学习。所以，孩子是父母的镜子，我们小事不注意，直接影响孩子。

⑦对待孩子要耐心。改正一个行为习惯，不是一朝一夕就可以办到的事，要有耐心。不能在孩子面前表现出急躁、愤怒，要心平气和。

下面谈谈孩子为什么不爱写作业。

孩子不爱写作业，究其原因有二：①贪玩，造成偷懒。②不会做，畏难情绪严重，干脆放弃。遇到这种情况怎么办？千万不要逼着孩子写作业，尤其是发火、打骂等情绪化动作。这样做，结果只能是恶性循环，使孩子对作业更敌对，对学习更逆反。这不是在解决问题，而是在摧残孩子。孩子偷懒是阶段性问题，处理不当，会埋下厌学的种子，甚至影响亲子关系，家长嚷，孩子叫，那局面不可收拾。

偷懒是浪费时间。

而时间是世界上最昂贵的东西。

古人有言：一寸光阴一寸金，寸金难买寸光阴。

如果一个人活 70 岁，那他一辈子就是 613200 小时，每浪费 1 小时都是大损失。

所以偷懒其实是浪费生命。

为了给小二讲清这个道理，我选了一些古代哲人珍惜时间的诗文，让他抄于小本，背诵、记牢，还做了些简短翻译。其中几首，现在还能想起。

> 学向勤中得，萤窗万卷书。
>
> 三冬今足用，谁笑腹空虚。

这是宋代诗人汪洙的《勤学》。

意思就是，学问是需要勤奋才能得来的，就像前人囊萤取光，勤奋夜读，读很多书。苦学几年，学问也就有了，那时候谁还会笑话你胸无点墨，没有学问呢？

> 三更灯火五更鸡，正是男儿读书时。
>
> 黑发不知勤学早，白首方悔读书迟。

这是唐代书法家颜真卿的《劝学》。

其意思就是，每天三更半夜到鸡叫的时候，是男孩子们读书的最好时间。少年时只知道玩，不知道要好好学习，到老的时候才后悔，自己年少时为什么不勤奋学习呢？

> 少壮不努力
>
> 老大徒伤悲

这句话出自《乐府诗集——长歌行》。意思是年轻力壮时候不勤奋刻苦、努力奋斗，等到韶华不在，年纪大了的时候，就只剩下徒劳的哀愁悲叹了。

孩子偷懒是个很普遍的现象。

作为家长，我们也要与时俱进，对之加深学习、探讨。

故事 25

篮球少年在北大——成功学初窥

初二结束，暑假，我们安排小二去北京再游北大。

这次是特意为之。

原因是在整个初一学期，这小二学习倒还用功，成绩也还能行，基本保持稳定。主要是上了初二，行为上，说话没把门，做事没常性，尤其淘气太出格，与大人交流明显少了，遇事逆反急躁，常让我们笑也不是，哭也不是。不错，也劝说，也批评，但只能老实一阵阵，过了就又放开，闹腾得收拾不住。

于是和女儿电话上商量，菲菲说，让他来北京吧！让他开开眼界、见识见识北大学霸，刹刹他的傲气。狂什么呢，他。

就这样，小二登上了北去的列车。

前面说过，小学时送姐上大学，小二第一次北大行，还只是 10 岁小娃，对北大也只是观感新奇，初有思想触动。而这次，马笑天已是 14 岁翩翩少年，身材颀长壮实，意气风发。这时他喜欢上打篮球。

这次吃住都在北大，让他实际感受大学生活，接受中国最高学府的熏陶。

有次打篮球，来的是北大元培学院的几个学生，小二年龄小，以观赏为主，或凑个人，当个小配角，偶尔捡到球来个三大步，投中个篮，自然也乐呵呵的，正是一生好风光，果然热闹。期间稍事休息，一位大哥哥招呼小二："马笑天，篮球玩得不错，就要上初三啦？学习怎么样？"

小二一贯不谦虚，说：全班第三，校全年级第十名！

哈哈哈哈……

那伙人笑了。

你好牛啦！还是那位大哥，拉住小二："来，给你介绍介绍，这位，湖北理科状元。这位，黑龙江理科第一。这位……"

我们小二当时就傻了。

原来真正的学霸就在眼前！

我猜想，当时小二有多尴尬，平常性格执拗、一向自我感觉特好的这小孩，顿被这几个"状元郎"震撼，仿佛一枚重锤狠狠地砸在他心头，把个从来自感学习不错、个别时候还偶尔骄傲一两下子的好心情，粉碎得片甲不留。

如果说，上次北大行小二更多是感受到新奇。

那么这次访问北大，他找到了差距。

回到家的马笑天有几天提不起精神，对我说："爸，北大学生厉害呀！全是学霸。他们笑话人，不直接说，只说别人好厉害，一反思才是在笑话我，他们小看我呢。哼！"

这一声"哼"让我高兴。

这次北大行，对小二影响刺激很大。后来，他可能产生了上北大的想法，这是我的猜测。因为三年之后，小二正在上高三，北大、清华等重点大学开始自主招生，老师推荐小二某大学时，出乎意料，小二却一口拒绝，并直言而大胆地说："我自荐北大！"这句话让我思索了好久，放弃校荐，自荐北大，权作我"猜测"的依据吧。

初中生，就开始产生自己的理想，选择自己的前途，甚至确定自己的奋斗目标。

著名数学家陈景润，在中学时，听老师讲，有一道数学名题，叫"哥德巴赫猜想"，数学是自然科学的皇后，"哥德巴赫猜想"就是皇后王冠上的明珠。看谁能摘取到这颗明珠……年少的陈景润听了，就深深记在心里，萌发了"摘取明珠"的想法，确定了"摘取明珠"的奋斗目标。中学、大学、研究院……向着目标追求而上，为之奋斗了一生，他打开了"猜想"的奥秘之门，攻克了"猜想"中的"1+2"，震惊了国际数学界，创造了距离摘取这颗数学皇冠上明珠（1+1）只有一步之遥的辉煌。

中学时期是个有梦想的时期。

在全国学生心中，北大、清华是成功的象征！

这里集中了一批中国顶级、最优秀的人才。跻身其中，不仅荣耀无限，实际上也由此开辟出人生的一条光明大道。

那一天，少年马笑天抱着篮球，与一群高考状元奔跑争夺时，小脑瓜子里究竟想到些什么？

他一定想了很多很多。

但其中应有这两个字——成功。

什么是成功？

由于人们的价值观不同、人生观不同、条件与环境不同、影响的不同，对于成功的理解也不尽相同。但有一个比较能够为多数人所认同的定义是：成功就是确定一个目标，并达成这个目标的过程及其最终结果。

研究成功的学问是成功学。

成功学实际上是一门关于自我管理的学问，内容是理想信念与目标行动如何统一、融合。成功学促进人们积极进取，完善自我，推动社会完善进步。

现实生活中，人人都有梦想，都渴望成功，渴望优秀，都想找到一条成功的捷径。

但并不是每个人都能成功。

实现成功，有几个决定性条件：

1. 建立自信心。

一个人能否做成、做好一件事，首先看他是否有一个好的心态，以及是否能认真、持续地坚持下去。信心大、心态好，办法才多。所以，信心多一分，成功多十分；投入才能收获，付出才能杰出。永远不要被缺点所迷惑。当然，成功卓越的人只有少数，失败平庸的人却很多。成功的人在遭受挫折和危机的时候，仍然是顽强、乐观和充满自信，而失败者往往是退却，甚至是甘于退却。作家莫言说：人不怕犯错误，犯了错误，如果能带着教育和反思爬起来，错误就会成为课堂。我想：每个少年都渴望成功，但成功必须从自信开始，可能正是从家人或老师的一次不经意的鼓励开始。

2. 要有明确的目标。

有了目标，内心的力量才会找到方向，漫无目标的努力或漂荡终归会迷路，而你心中的那座无价的金矿，也因得不到开采而与平凡的尘土无异。你过去和现在的情况并不重要，你将来想获得什么成就才是最重要的。有目标才会成功，如果你对未来没有理想，就做不出什么大事来。设定目标后订出中长期计划来，而且还要怀着迫切要求进步的愿望。成功是需要完全投入的，只有完全投入到你所从事的职业中去，才会有成功的一天；只有全身心地热爱你的生活，才会有成功的一天。

3. 做个主动的人。

要勇于实践，你的成功也就是因为多走了些路，找到了别人未找到的另外一点东西。抓住机会，掌握机会，做个积极主动的人，并养成及时行动的好习惯。

4. 正确的思考方法。

成功等于正确的思想方法加信念加行动。要想成为思想方法正确的人，必须具备顽强坚定的性格，挖掘潜力，时刻保持我行、我是优秀的、还须再改进等等心理暗示。

5. 高度的自制力。

自制是一种最艰难的美德，有自制力才能抓住成功的机会。成功的最大敌人是自己，缺乏对自己情绪的控制，会把许多稍纵即逝的机会白白浪费掉。如愤怒时不能遏制怒火，使周围的合作者望而却步；消沉时，放纵自己的萎靡。一个人取得成就的大小，要看他信念的深度、雄心的高度、理想的广度。

人与人之间只有很小的差别，但这种很小的差别却往往造成巨大的差异，很小的差别就是所具备的心态是积极的还是消极的，巨大的差异就是成功与失败。也就是说，心态是命运的控制塔，心态决定我们人生的成败。我们生存的外部环境，也许不能选择，但另一个环境，即心理的、感情的、精神的内在环境，是可以由自己去改造的。成功的人不一定都是企业家、政治家、领袖人物。成功，是指方方面面取得的成功，其标志在于人的心态。

付出了就想到一定有回报，这是人类传承下来的功利思想。成功的光环令人羡慕，让人感到骄傲，更是成功价值的体现。成王败寇，总是以成败论英雄，又是世俗的评价标准在引导。所以，人们总是那么渴望成功。

对渴望成功者而言，拖延和逃避是最具破坏性的恶习。

如果你渴望成功，请一定要经得住挫折。因为挫折是成功的前奏，不经历风雨怎能见彩虹？成功带来的喜悦驱散了挫折带来的创伤，由挫折带来的坚强成为成功的强大后盾。

如果你渴望成功，请一定要努力拼搏。人要想自我完善，就一定要拼搏，且要在挫折中顽强地拼搏，不甘沉沦。如果真正在挫折中学会拼搏，那么就实现了人生的价值。

勤于积累，脚踏实地，积极肯干，这是走向成功的出发点。

故事 26

男儿志向不可期——刺激也是动力

初三的一个周末，我带小二去书店购书，从书架上翻出一本厚厚的书——《哈佛女孩》。这是本传记，全面介绍四川成都女孩刘亦婷刻苦学习事迹、最终被美国四所著名大学包括哈佛大学同时录取。这真惊人！再看版次，二版发行了 68 万册，足见其非常受欢迎，价格也不贵，17 元。我决定买下来。正要过去给小二，却见小二捧着一本书大叫着跑过来：

"啊呀！就是他！就是他们！爸你看，你看，这就是我在北大遇见的那几个北大学霸！这个，刘诗泽——黑龙江省理科状元。这个，朱师达——湖北省理科第

这就是小二拿着大叫大嚷
有所失态的那套书

—……"

他拿着的是本《状元笔记》。

这么大叫大嚷，把店里的顾客都惊了一下。

小二失态了，这很不礼貌，我有点不高兴。

而他依旧哇啦哇啦，说个不停："他们瞧不起我！爸，北大学生小看人不直接说……哼"！

我从未见过一个 15 岁少年激动起来会如此狂烈。

这时的小二，脸胀通红，脖子梗着，嘴巴大张，瞬间把声音提高了 8 度。那模样让我吃惊，让我好笑。然而就在这一刻，我忽然明白，我们的小二仍未走出访问北大被深深刺伤的阴影，这些天闷闷不乐，其实还在被这几个学霸哥哥纠结着。

我们的小二终于领教了北大的厉害。

他被深深刺激，伤的很痛。

这件事，在后来的日子里，小二不时还会提起。耿耿于怀之状，使我相信，这次北大行已烙在这孩子心里，将陪伴他走过一段路程，也许很远、很远……

而这的确是个非常重大的事件。

若干年后，当小二走进北大，去做研究生时，我突然想起这次购书的情景，终于懂得了孩子的心思。

刺激也是动力。

"人往高处走，水向低处流。"

人这一生，无一不是拼着命向好的地方奔！什么是好？各人理解不同，想法也就不同。但有一点是共同的——人需要动力。

人的动力一般有三种：第一种，来自基本生存需要的生物性驱动力；第二种，来自外在的动力，如遭遇挫折和刺激；第三种，来自内在的动力，即内心里想把一件事情做好的愿望。

动力来自你想要的，你内心的期望，然后给自己制订目标去实现。目标可以很大，也可能很小。当你有了这些目标，并渴盼要达到时，动力就来了。

人的欲望可以理解为人成长的动力。人对自己未来前途，会有种种设想，为了实现这些愿望，会不断地去学习、去探索。

在竞争激烈的社会里，如何培养孩子的进取心是很重要的。一般来说，性格决定命运。人生下来，是否具有好强的性格，这与遗传有关，但后天的激发同样也很重要。一个人具有不服输的精神，就会不断进取，敢于冒险，敢于拼搏。

培养孩子的毅力也很重要。毅力是达成目标的保证，也是孩子不断进取的保证。

未来的文盲不是不识字的人，也不是识字很少的人，而是不会学习的人。随着科学技术的迅猛发展，人类进入了信息时代，新知识的剧增和旧知识的快速老化，要求人们善于学习、终身不断地进行学习。青少年是社会主义现代化建设事业的接班人，必须与时俱进，学会学习，不断掌握先进的科学知识，才能肩负起历史赋予的重任。

求知欲和好奇心是孩子求学过程最重要的特质。成功地培养、激发出孩子强烈的求知欲、好奇心考验着家长的能力。

让孩子体验成功的喜悦，可以不断深化学习动机，提升动力。

美国的比尔·盖茨也说：没有什么东西比成功更能增加满足的感觉，也没有什么东西比成功更能鼓起进一步求成功的努力。基于这一点，我们应该善于发现孩子的积极因素，对其多加鼓励，从而享受成功的满足和喜悦，能促使孩子产生再接再厉、积极向上的力量。

我们小二，正是把北大带给他的巨大刺激和压力转化为动力，才在拼搏的路上勇气倍增，顶着疾风暴雨向北大前进。

我想，某一天，当小二又站在北京大学的那个篮球场上，会是怎样的心情？肯定，他首先想起的是那几位学霸哥哥……

动力，促使着孩子向前奋进。

故事 27

淘气是小孩子一种天性——表现欲

菲菲初二年级的一天，老师叫我谈话，把我紧张了一下，以为孩子闯祸了。到了办公室，坐着 4 位老师，他们开门见山，说：你女儿这段不好好学习，经常做些奇奇怪怪的动作，把同学都影响了。可是呢，你女儿每次考试，又总是排在前头，从不会考砸。我们也弄不清咋回事。你给咱说说，在家里，你们是不是有更好的办法教你家闺女？让我们开开眼界。

老师的话，不轻不重，让我一时十分尴尬，不知所措……

我开始思考了。

从此我留了心，决定对菲菲严加管束。

一天晚自习，我特地来到学校，趴在菲菲所在班的窗户外面，朝里张望：见指导老师进来，呜里哇啦讲了一阵，就走了。这时，菲菲果然露出小尾巴，开始淘气了。她似乎还有些号召力，站起来伸出一只手，掌上是一些纸折叠的纸条，不知她说了一句啥话，一群同学向她围来，争抢着抽取她手中的纸条。然后一声令下，孩子们一起打开，顿时哈哈大笑，教室里乱出一锅粥。

原来这纸条上分别写着小偷、工人、老师、瘸子、长得丑……说也巧，这次一个男孩正好抽到了小偷，而传说他爸爸刚刚因偷窃被处分。小家伙们更笑得东倒西歪，把那孩子弄得好尴尬。

一堂晚自习，就这样被菲菲搅和了。

下自习回来，我没让她睡觉，劈头盖脸给她一顿批评："我看见了今天晚自习你的表现。你的行为，不但影响到你自己的学习，也影响到全班同学的学习。你搅乱了自习，这是一种非常错误的行为！对爸是个沉重打击。你必须纠正！"

此后，我一直和班主任保持着沟通，随时跟进菲菲的表现。

还好，菲菲很听话，也许是我的批评太过严厉，她理解了老爸的伤心，从此一改前非，再没有重犯。反而在学习上加倍用功，得到老师们和同学们的肯定，还当上学习委员。这种势头她一直保持到初二，终于以全县第二名成绩考进晋城一中。

小孩子为什么淘气？

淘气，包括恶作剧其实是一种自我表现欲。

表现欲并不是一个负面的词。

自我表现欲，是人类的基本欲望之一，是个人实现和展示自身价值的积极意念的外露。因此，认真研究和正确对待孩子的表现欲，值得我们家长花些时间。

小孩子表现欲从性格气质看表现为性格外向、活泼好动。大胆而外向类型的孩子，其表现欲就显得外露、主动、强烈；而性格内向、温柔、沉静类型的孩子，其表现欲就显得隐蔽、内敛和微弱。

从性别来看，在一般情况下，男孩子的表现欲经常表现为明显外露、突出、毫无顾忌。相对而言，女孩子的表现欲就显得平稳，有分寸，给人温文尔雅的感觉。

从孩子对学习的认识看，凡是适合孩子心理特点，引起学习兴趣，激发学习情感的课程，孩子的表现欲望就积极、强烈；反之就消极、冷淡、甚至会显现出逆向表现欲。

有关菲菲淘气、搅乱晚自习这件事，我没有继续深究。因为我认为孩子淘气是阶段性的，年龄稍大，特别是女孩子，自会慢慢收敛，终至克服。但我还是采取了补救措施，搜集了一些劝学、励志、修身方面的格言，要菲菲学习记诵，从而转移其注意力，把精力用到学习上。

能够管住自己才是将来成功的保障。

跌倒了，要自己爬起来。

只要今天比昨天强就好。

努力从今天开始，成功从零开始。

品德比分数更重要。

做人要坦荡，待人要坦诚。

胜利果实永远挂在树梢上，你只有往上跳，才能摘到啊！

这次淘气，成了孩子进步的起点。

故事 28

给母亲的一封信——难对付的叛逆期

还是菲菲，初二时期，一天上午，我回家早些，进门就见妻子正在哭，泪水汪汪的。我忙问：怎么了？谁惹你生气了，让你这么伤心。李爱萍抹了一把泪：你快去看看吧！你那好闺女给我留了一封信。我着急奔到女儿的卧室，果见桌上搁着两张纸。

这是一篇檄文，三百多字，全是对她妈的攻击。

不讲理的妈妈……

霸道的妈妈……

强迫我留短发，破坏我形象……

为什么不准我的小朋友来家玩？

规定我几点几点必须回家，我的自由呢？

我有问题也不给解决，比如我要一条裙子……

最后写的更不像话：

请求妈妈，你要做个合格的妈妈，讲理的妈妈，像冰心一样的妈妈，否则，这样下去，我们母女关系永远不会和睦。妈妈，我说到做到！

瞧这信，哪像当女儿应该说的话！难怪把个老妈气得脸色发白。我忙安慰妻子："自家闺女，搁得住生这大气！我给你说，这是叛逆，小孩子进入青春期都会发生。咱菲菲的叛逆期提前来了。"

过了几天，我和菲菲谈了次话：菲呀，你对你妈不满，为什么不把信直接交给你妈？故意放在桌……菲菲突然打断：我不值得把信给她！因为她不合格。

这是什么话，我真想训斥她一顿。

当时，我强硬控制了自己。

问题没有解决，只好暂时搁置。观察几天，寻求办法适时处理。一周后，菲菲心情好转，主动找话题与我闲聊。我觉得时机到了，引导性地与她聊了三个内容：1、成长的快乐，2、母爱的无私，3、家庭生活的实情。聊了菲菲从出生到上初中阶段快乐成长的小故事；聊了她妈妈无微不至的关爱和点点滴滴辛苦而无私的付出；聊了家庭生活并不宽裕，勤俭持家的传统不能丢了。聊了足有一个小时，但没提及信的事，只是让她去联想去体悟。这次聊得非常轻松，效果也很好。此后，菲菲再未出现不快的冲突和分歧。母女关系大有缓解，更加亲切和睦了。

自打孩子上初中，我就有意陆陆续续购些书读，学习相关常识，以期对我们对孩子科学管理、加强培养有帮助。关于孩子青春期叛逆的知识，就是这么了解的。

下面这些，是我学习心得。

叛逆期是指青少年正处于心理的过渡期，其独立意识、自我意识日益增强，迫切希望摆脱成人（尤其是父母）的监护。他们反对父母把自己当小孩，而以成人自居。为了表现自己"已经长大"，常常就对任何事物都倾向于批判的态度。正是由于他们感到、担心外界忽视了自己的独立存在，叛逆心理才因此产生。从而用各种手段、方法来确立自我与外界的平等地位。

叛逆心理虽然说不上是一种非健康心理，但当它反应强烈时，却是一种反常的心理。

"孩子突然像变了个人一样，真难管！"这是很多家长对孩子叛逆的共鸣，却不知到底是什么原因所致。其实这一切，都是孩子青春叛逆期到来的表现。我国把 11~12 岁定为青春期早期，由于这个时期的孩子特别难管，也将其称为"狂躁期"等等。

由于升学、人际关系等压力增大，处在青春期的孩子心理变化骤剧，如果没及时对其进行正确引导，孩子很容易在认知、理解、运用等环节，产生心理上的障碍，尤其一些非正常的外界因素干扰，往往会激发他们潜意识的反抗，刺激他们对外界采取抗拒行为。

据调查，由于现今孩子所处环境较其父母所处环境复杂得多，所以他们的青春叛逆期比父母一般早到 1~2 年，也就承受了更多的压力。

孩子叛逆一般有 7 种表现：

（1）不喜欢被人从头管到脚。对于家人和老师的教导，他们根本就听不进去，有时候忍不住了，还会顶嘴。他们总是会有一大堆的理由来掩饰自己犯下的错。甚至会把所有反对他的人视成敌人，并且会一直对抗下去。

（2）叛逆的孩子喜欢和家人、老师唱反调。要做的事情他们不做，不能做的事情反而坚决做，他们会一次次挑战家长、老师的权威，视家庭规矩为粪土，视学校规章为浮云。稍有管束，一旦被激怒，会变得更加无法无天。

（3）叛逆的孩子常常以自我为中心。他们坚持我行我素的态度，或者一副小老大样子。无论什么事都喜欢自己做主，因为他们觉得自己已经是大人了。常常会目中无人，自说自话，他们认为什么都应该自己说了算，自己永远是对的。

（4）叛逆的孩子特别容易冲动。他们常常控制不了自己的脾气，动不动就会破口大骂，而且一时半会儿冷静不下来。有时甚至会做出不理智行为，从不与人商量，更不考虑后果。另外，他们会有很强的报复心，一旦有人得罪了他们，就会不惜一切代价反击那个人。

（5）叛逆的孩子会厌学。他们觉得学习压力太大了，实在受不了那么多的约束，更喜欢自由的生活，于是就会选择旷课、逃学甚至私自退学，更有甚者还会毫不犹豫地选择离家出走。他们可以整天待在网吧里沉迷于打游戏，但却不想回家，因为他们不想听家长不停地唠叨，想自己清静一会儿。

（6）叛逆的孩子有很强的虚荣心。他们总是会把自己精心打扮，无论是穿着还是发型，都喜欢标新立异、与众不同，为的就是能在别人面前展示自己。而且还喜欢购买奢侈品，在别人面前炫耀，热衷于和别人攀比。

（7）叛逆的孩子会早恋。发育中的孩子会慢慢地对异性同学产生爱慕之情，也许是因为好奇，他们会特别关注心动的异性同学，和其拉近距离。时间稍久，甚至会模仿成年人那样向异性同学表白，然后开始交往，形影不离。

青春叛逆期是孩子世界观形成的关键时期，其个性和创造性都恣意妄为、张扬。同时，由于孩子身心发展、所受教育的局限，他们形成的诸多想法并不成熟、甚至偏激，这就需要靠家长加强教育，正确引导孩子。

但现实生活中，一些家长却往往陷入以下两个误区。

1. 全面打击。

有的家长面对孩子的叛逆言行，如顶嘴、不听话等，大为恼火，觉得不把孩子的这股"邪劲"压下去，孩子就有可能变坏。于是采取了强硬措施，非打即骂。渐渐地，孩子表面上恢复到以前那个言听计从的"乖孩子"，实际上，已关上心灵深处那扇与父母交流的大门，从而可能误入歧途，甚至跌进犯罪的深渊。

2. 放任自流。

现实中，一些家长面对难管教孩子，在几度管教而不起多大作用后，就失去了信心，从此不管不顾，一切由他。无论孩子的言行，有什么想法、要求，一概不再过问、指导。久而久之，孩子行为发生偏差恶化，待家长懊悔时，才发现已耽误了孩子一生。

孩子进入叛逆期，格外渴望得到外界的尊重。所以，家长不要"管"太死，要适当"放权"，以帮助孩子从不谙世事向成熟过渡。

（1）话语权。"考不上大学就去扫厕所！"这种话不少家长都对孩子嚷过，虽说也是为了孩子好，但他们的耳朵已经长茧，叛逆期的孩子更对这些话"百毒不侵"。这时家长应少说多听，了解孩子到底在想什么，让孩子说话。

（2）时间支配权。这个时期的孩子特别渴望拥有自己的小天地。所以家长不要自作主张，将孩子的时间按自己的意愿排得满满的，要将时间交还给孩子，由其自己去安排。

（3）表决权。家中的一些大事，如搬家、买房等，不妨也同孩子商量一下，征求孩子的意见。家庭氛围民主，孩子一般能主动向父母靠近。

（4）隐私权。孩子进入叛逆期，一些家长发现，以前经常跟自己说心里话的孩子，变得不太爱搭理自己了。孩子开始有了上锁的日记本、私人信件、心爱的物件。逢此情况，家长不必过于强迫，尤其不要偷窥孩子隐私，尊重孩子的同时也为自己赢得了尊重。

对于叛逆较明显的孩子，家长会感觉到与之难以沟通。

下面介绍几条我用过的沟通技巧：

1.尊重孩子。

家长不要老是盯着孩子的弱点，更不要拿孩子的弱点同别的孩子的优点比较。在与孩子接触时，家长应尽可能多找孩子的优点，多鼓励，减少孩子对我们的抗拒心理。

2.换位思考。

家长也是从青春叛逆期过来的，所以面对孩子不可思议的一些语言、行为，不妨换位思考，想想孩子为什么会这样？找到共鸣之处，才会理解孩子，找出问题的症结。

3.忌谈成绩。

同孩子交流，家长不要老以学习入题，这只会让孩子心有压力，甚至讨厌。

4.允许犯错。

这个阶段正是孩子形成主见的时期，错误在所难免。所以，家长应该允许孩子犯一些错、吃点亏，不要过分束缚孩子的手脚。

5.给孩子减负。

父母都怀有望子成龙、望女成凤的想法，甚至有的家长，把自己没有实现的愿望强加到孩子身上，于是管束之严，近乎苛刻，给孩子带来了极大的精神压力。所以，适当减负，势在必行。

青春叛逆期的孩子很难对付。

但唯其难，我们才要加倍用心、用功夫。

用心陪着孩子度过青春叛逆期，是每位家长不可推卸的责任。

故事 29

有时要坚决对孩子说不——掐灭恶习

这件事发生在初二，一天中午，孩子放学回来，那小二可能是饿了，坐在桌边不耐烦地问：我的饭呢！他妈急在厨房里应：就好了就好了。"好了为什么不给我端来？"这下子把他妈捅火了：你没长手呀！你是少爷呀！凭什么就该顿顿伺候你？那小二居然与妈顶撞起来。

我在一旁看着，见吵得凶，登时按捺不住，厉声喝止：要吃自己端，不吃走远！不惯你这臭毛病。

这是我罕见的一次对孩子发脾气，口气之厉，态度之严，把小二一下镇住，黑着脸去了厨房。

这顿饭，大家吃得都没有味道。

然而此后几天，这小二居然想不通，仍是稳坐桌边等饭，态度之恶劣，令我们不免伤心。

我想到，养孩子和种树差不多，小苗出土，我们开始浇水、施肥、松土，精心呵护，生怕长不好。但有时，稍不注意，这树还是会长出斜枝，如不及时剪切，这树终归会长歪。

所以，有时候我们必须对孩子坚决说不。

过了几天，我和小二坐下来，慢慢与其讲道理：你妈又要上班，又要做这么多家务，还要为全家人做饭，操心老少，实在够辛苦。你得体谅你妈，有些简单家务活儿要学会干，起码星期天你应该把自己的卧室收拾利索，不要事事都靠你妈。小二点头认可，但始终没有一点认错的表示，坐等吃饭这坏习惯依旧保持了很长时间。

这也是青春叛逆期典型的行为表现。因我们方法欠妥，未能及时纠正。

这是我在教育培养孩子方面的一个败笔。

至今想起来仍隐隐感到不愉快。

我国古代教育家孔子说："少若成天性，习惯成自然。"

也就是说，从小养成怎样的习惯，成人后就会形成怎样的品性。叶圣陶先生也曾说："教育是什么，往简单方面说，只有一句话，就是养成良好的习惯。"良好的行为习惯对人的一生都具有深远的影响，这种影响将伴随我们的学习、生活、做人、处世。它以一种无形的方式，干预着我们生活中的细枝末节，从而主宰我们的人生。然而，一个人的好习惯不是与生俱来的，更不是一蹴而就的，是后天成长中慢慢养成的。如何才能培养小孩子良好的行为习惯，需要我们从细节入手，潜移默化地融入孩子的成长过程中。

我在这方面有一些琢磨：

1. 从小事做起，养成良好生活习惯。

生活习惯的好坏直接关系到一个人生活质量的高低，有时也成为别人判断一个人品质优劣的标准。品德高尚的人，一定是具有良好行为习惯的人。良好的习惯一旦养成，就会成为一种自然的反应。在教育培养孩子过程中，我们经常会遇到孩子说话不注意，出口成"脏"。一些行为不好，不讲卫生，到处乱扔东西。骄傲自大，不尊重别人，稍有不快，就会发生冲突，甚至动手。这些都是惯出来的毛病。从小不注意，这时候改正起来就难了。但再难也必须改，不改了不得了！

具体做法很多，但我比较坚持的一条是，从小事做起，从自我做起，做好事，做帮助他人的事。这是养成孩子良好生活习惯的基础的基础。

2. 改变固有环境，培养良好习惯。

"昔孟母，择邻处"，《三字经》里的这句话，说明早在古代，我们的祖辈就十分注重学习环境对行为习惯的影响。一个孩子性格与思想情感的形成，往往受到所处环境的影响和局限。在教育孩子中，必须注重家庭建设，努力营造一个良好的家庭关系、家庭氛围，对培养孩子的良好行为习惯，有着密不可分的关系。一个具有良好行为习惯的孩子，其背后必然是一个和睦、民主、融洽的家庭。当然，这不是一蹴而就的，它需要一个长期的过程和有效的方法。家长一定要用心思、花工夫，打好家庭基础，为孩子养成良好的学习习惯创设条件。

3. 以身作则，用榜样力量培养习惯。

有人说："优良的示范是最好的说服。"家长是孩子的一面镜子，孩子的行为都是从模仿开始的。一个具有良好习惯的家长，才能造就一个出色的孩子。想培养什么样的孩子就要做什么样的家长。总之，学生良好习惯不是一朝一夕养成的，要从小培养，从点滴处培养。后天环境、后天教育是可以人为控制的。家长要了解孩子不良习惯的家庭成因，就需从改正自身不良习惯做起，给孩子做好的榜样，并努力在家庭教育中加以预防，就能极大限度地降低或避免孩子不良习惯的形成。

习惯是一种顽强而巨大的力量。它可以主宰人生，没有谁一开始就拥有超人的能力，也没有人可以随随便便获得成功。成功的秘诀在于生活的点滴，在于平时养成的习惯，在于严格、科学的规矩。规矩一旦制定，就一定要严格执行。如果孩子能够每天坚持按规矩办事，那很快就会养成习惯。而习惯一旦养成，用不着家长催着写作业，孩子自己就会主动学习了。

很多孩子的不良习惯，都是在父母的纵容下形成的。当孩子第一次做了错事，父母一定要明确地表明自己的态度，并予以制止，否则一旦形成恶习，改起来就难。有时候父母对孩子偶发的不良行为，采取不闻不问的沉默态度，这也是不对的。须知沉默也是一种纵容，是一种心理暗示。它会使孩子觉得这样做没什么不可以，于是放手去做，终成恶习，贻害终身。

一般地归纳，小孩子容易在以下几方面形成坏习惯：

（1）不爱学习——作业总是完不成。

（2）不尊重父母——爱顶撞爸妈。

（3）不诚实——有错总撒谎。

（4）从不做家务——自理能力差。

（5）不珍惜东西——零钱随意花。

（6）常与同学打架——不会与同学相处。

（7）我们家长一定要正视，孩子坏习惯形成非常容易，好习惯培养起来却很难。

而我比较偏重培养孩子的好习惯。

1. 良好的学习习惯。

读书声音要洪亮，使用普通话，坐姿要端正。

写字做到姿势正确，书写工整，卷面整洁。

认真完成老师布置的各种作业、书写要工整、规范。

写完作业至少从头到尾检查一遍，要让家长检查、自己改正。

2. 良好的卫生习惯。

早晚刷牙，饭后漱口，饭前便后及时洗手，睡前洗脚。勤剪指甲，勤洗头。

不随地吐痰，不乱扔垃圾，主动捡拾废物。

3.良好的劳动习惯。

在家里帮家长收拾饭桌、扫地、抹桌凳，摘菜等，干一些力所能及的事。

自己洗手、洗脸、洗衣服。自己削铅笔，自己叠被子，叠衣服，自己收拾床铺，整理书包，自己的事情自己做。

4.良好的生活习惯。

在家不任性，自己的行动应事前告诉家长，外出前及回家后要和家长打招呼。

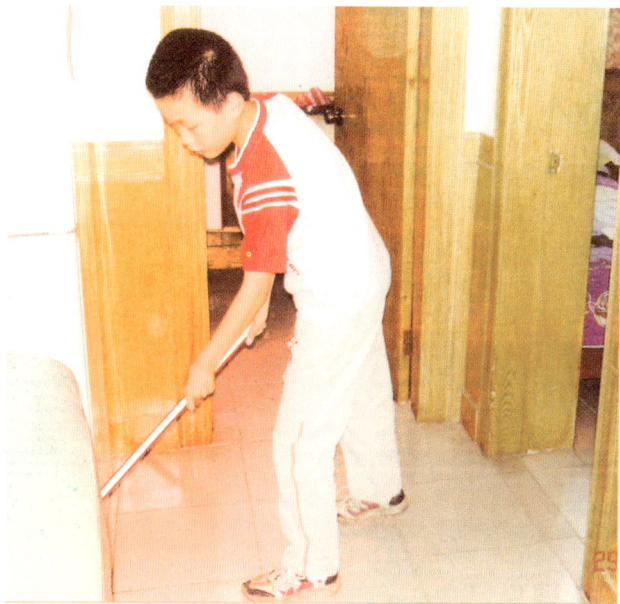

小二在拖地

按时作息，早睡早起，每天保证8~9个小时的睡眠时间。

每日三餐按时进食，不挑食，不偏食，不吃零食，不暴饮暴食，朴素节俭，不乱花钱。

谦虚、诚实、待人诚恳，与人交往重信用，答应别人的事要尽力做到，言行一致，不说谎话，不骗人，有错就改。

5.良好的安全习惯。

遵守交通规则，上下学靠右行，不闯红灯，不在路上追逐打闹。

注意安全，不玩火，不玩电，不乱动家用电器，不做有危险的游戏。

6. 不进营业性网吧、歌厅、台球馆。

培养孩子良好行为习惯是个大工程，也是件很难很难的事情，其关键性不言而喻。有道是绳锯木断，水滴石穿，作为家长，我们一定要有耐心、有信心、有恒心、有爱心，把这个艰巨任务完成好，并千万注意——一定不要让孩子的坏习惯演变成恶习。

好习惯，培养好品质。

好品质，造就好人生。

故事 30

吹牛不好——学会管理自己

还是初一时候的事。

有次考历史、地理两门，小二考得相当棒！下午放学回来一脸自得，在地上来回转悠几圈，还是不能"降温"，突然向我们吹牛："历史、地理太简单，我不用学也能考好！"

好嘛，又有了吹牛的毛病啦。

我当时黑下脸对他一顿教育：

你能不能稳重些！什么不学也能考好，你是神童哇，天才？没有学校，没有老师，你什么也学不会。再说，你这次考得不错，那是因为在小学时期，我给你买了那么多书，其中《中国上下五千年》就是历史，《徐霞客游记》是地理，你全读了，知识储备在脑子里，这次考你把脑子里东西调出来，所以才有好的发挥。况且一次两次考试不能说明什么问题，回回考好那才叫真本事。骄傲使人落后，虚心使人进步——这是毛爷爷说的。你给我记住了：做人要夹起尾巴，做事要把腰弯下。

这小子灰溜溜钻进卧室，再不出来。

通过这件事，我认识到，孩子毛病多，是因为不会自我管理。尤其他自我感觉永远不错，这是缺少自知之明，这会害了他。所以，适当对孩子灌输一些自我管理方面的常识，主要是学会调整心态，看来是时候了。

过不久，我买来两张地图给他贴在卧室，一张《世界地图》，一张《中国地图》，吩咐他：有空就常记记，只有好处，没有坏处。

在长长一段时间，这小子果然从早到晚，有时间就对着地图默默诵记，扎实用功。又逢下次考试，小二考试成绩更出色，回来对我说：爸，你说得对，记地图很管用。不学不知道，学会吓一跳。不用功根本考不好，看来是我错了。

我说，对，你能这样想，很正确。

但这孩子并没杜绝吹牛的毛病，时不时还会来那么几句，以此表现他很能。碰上这样，我不能不生气，总想批评。可又想，一个小懵懂娃，没一点毛病不正常。有时我真无招数时，曾叫小二为"马吹牛"，一笑了之，由他吧，大了他自己会改。

后来我查了些资料，原来小孩子吹牛一点不比大人差，这是一种表现欲，是他们成长所必需的一种营养。

某年六一，我下乡参加一个镇学校组织的庆祝儿童节文艺晚会，当中两个小娃说了一段相声《吹牛》，其中几句现在还没忘。

甲：不是吹，我一出生就会上厕所了。

乙：爬着去的？

甲：谁刚生下来就会爬呀？

乙：那你到底怎么去的？

甲：床就当厕所了呗。

乙：哈，这叫尿床！

这牛吹得够水平，妙就妙在所吹内容非常符合吹牛者小孩的身份，于是引得全场孩子们拍手大叫，鼓掌不止。

为什么日常生活中，有些吹牛把式会受人欢迎？

有人专门研究过这个问题，列出吹牛的四大好处：

提高知名度。不是有种称呼叫"吹牛大王"吗？

锻炼口才、反应能力。吹牛是一门需要随机应变的技巧，不是什么人都能行的。

可以创造财富、名利双赢。很多发迹的人利用地区间的差异做买卖，低入高出，斩获颇丰。如果他不吹嘘自家的货物美价廉，发财的人不会是他。这倒不可取，但现实中确有存在。

吹牛可以爱情、事业双丰收。事业不必说了。爱情，谁都知道女人家都喜欢听好话、听赞美，把握住火候给她适度吹吹牛，表扬她如何如何漂亮，如何如何能干、贤惠，闹得好会俘虏女人的心。如实说实话，人家会唾你脸上。

以上这种研究不能说没一点道理，但开玩笑的成分很大。

吹牛不好，但严格说起来不算大毛病。

这其实就是个自我管理问题。

自我管理是个大概念，包括很多方面。比如独立精神、克服困难、尊重自然、珍惜粮食、时间观念、自己的问题自己解决，等等。

我们家当时住在城北的北坛路，从家到一中，差不多5千米。初中时，菲菲上下学，不管刮风下雨，我从未接送过一次，目的就是要孩子从小就在困难中锻炼，在风雨中成长。

又让我想起一件事，菲菲上小学时，实验小学距我们家较近，约500米吧，有天，雨下得很大，中午，菲菲打着伞却提着鞋出现在家门口，把她妈急得哎呀哎呀叫唤，一把拖进来又擦脸又换衣裳。而我在旁笑眯眯地看着。我很欣赏我们女儿，只为了一双鞋子不被弄湿，而甘愿赤着足在大雨里走完500米路程。我们的女儿懂事了：世上万物皆有来历，一草一木都要珍惜。

这就是自我约束，属于自我管理的高级形式。

自我管理能力是指受教育者能够依靠主观能动性，按照社会目标，有目的地对自己的行为、思想进行控制的能力。也是小孩子学习如何自立、融入社会环境的基础。由于年龄较小，自我意识还没有形成，孩子的自我控制能力有限，很大程度上需要外力的帮助。潜在的意识加上外界的督促，可使孩子形成良好的行为习惯。

人的一生中需要有一定的自我管理能力。在不同年龄段，自我管理能力的表现也不同。小学是培养自我管理能力的最佳时期。小学生虽自控能力不足，但可塑性强，需要在一定的外界作用下，不断调节心理和行为来适应环境。培养孩子自我管理能力，离不开家长、老师良好的引导。如何引导并培养小学生的自我管理能力，已成为国内教育乃至世界各国教育的核心目标。

教孩子学会自我管理，是个慢工夫，着急不行。

我的做法是两点：

1. 活动引导，培养自我认知。

现在的大部分小学生，都过着"皇帝"般的生活，家庭的溺爱，带来的是孩子沟通和自我认知不明的后顾之忧。所以在家里，首先要做的，就是让孩子认识到自己是这个大家庭的一员，敬老爱幼，独立自主是他的本职。共同生活离不开沟通交流，爱是支撑全家人亲情的主轴。抚养孩子需要最大包容，但一定要让孩子客观、真实地看到他存在的优点，更要认识到自身的缺点和不足，从而能够正视和改正，培养其自我审视、认知的能力。

2.目标引导，培养动手意识。

现在的孩子，自我动手意识和能力明显不足，急需培养。这也是自我管理的一个内容。我们家的规定是：自己的事情自己做。从每天的卫生打扫、环境维护、生活自理等方面，对孩子进行针对性教育，逐步培养他自己动手、自我约束的能力。

这是培养、塑造孩子良好的行为习惯的基础。

马菲菲、马笑天初中获奖证书

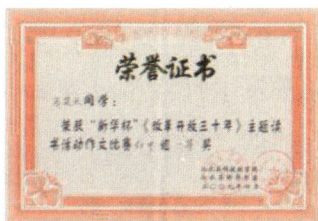

附录（三）：

为什么初二最关键

菲菲未上初中之前，我们已经常听到很多关于初中二年级的议论。有的说，初二实在太重要了！千万不能疏忽。有的说，初二是一道坎，过不去全都完，想考高中？门都没有。还有顺口溜："初二能过关，上学到高三；初二不咋样，考高中就莫想"……

所有说法都传递一个信息：初二最关键，必须抓住。

只是当时我们家还没有初中生，所以也就没有切身的体会。

等到菲菲上了初二，我们才对这问题有了紧迫感，也想了些针对性的办法来帮助女儿，可效果不是很明显。直到菲菲考上晋城一中，我们有时间来回顾孩子的整个初中学业，才对这个焦点问题的认识，由模糊逐渐清晰，有了更深的体会。

下面是我们的一些感悟。

（1）初二课程难度加大，学生学习状况出现严重的两极分化现象。

在初一，课程不是很难，学生普遍学得较轻松。但初一到初二，全部课程开齐，随着课程增多和难度加大，学生出现了严重的两极分化。喜欢学习的变得更加优秀，不喜欢学习的变得更差。而且学生偏科现象趋于严重，这样导致了部分学生厌学，不按时交作业或抄作业，甚至逃学。此种情况特别在初二下学期，变得更加严重。

在初二，学生思想更复杂，情绪更不稳定。经常发生打架斗殴等不良行为。由于年龄和生理的原因，学生到了初二，抽烟、喝酒、逃学，跟老师顶嘴，打架斗殴，校园欺凌等不良行为也会发生。所以，初二学生最容易出问题，最难管理。

初二，学科又增加了物理。这门学科又是在今后的考学中占一定的分量，尤其对高中时文理分科选择，以及今后人生道路的选择，都起着至关重要的作用。这门课，自然也不是轻易就能学得好的。要花费学生更多的时间和精力。不像初中一年级那样，语数英三门主科在难度系数和衔接上，与小学基本上相当或略有提高，政史地生这几门课，大都是考前老师划些重点，学生突击性背背就可以了。

初一相差不大，初二两极分化，初三天上地下。

于是，初二就成了孩子们成绩下滑的高危期。

很多孩子在小学、甚至在初一都是"好学生"，怎么一到初二就滑落下去了呢？

小学是学生比较平稳的一个时期，一般不会出现大的问题。只要学习努力，听老师、家长的话，取得较好成绩不难。在小学，"语、数双百"很平常，90分以下就算差成绩了。但就在这非常容易背后，却也埋下了不良的种子。如学习习惯上，老师讲什么学生记什么，不讲究触类旁通，限制了创造思维。特别是学习方式死记硬背，导致思考问题的方式和习惯出了问题。不是学生不聪明，而是视野太窄，知识面受限。学习的实质并不在于知识量，而在于学习过程中学生思维的深度挖掘和广度扩展。对知识的简单应用是"浅层次思维"，而能进行抽象的逻辑思维才是"真本事"。

这些缺陷，都会在初二一一暴露出来。

学生的"思维准备"在小学没能做好，到了中学仍然按小学的思维方式去学习和思考，当然会变得很吃力，造成进入初二被分化、挤退下来。

对于初中学生来说，学习的积极性主要取决于学习兴趣和克服学习困难的毅力。有一部分学生较聪明，在小学学得很轻松，所以不需要十分努力就可以取得好成绩。这些学生常常会因为聪明而受到家长、老师的赞扬，因而错误地以为，取得好成绩原来如此简单，不认真不努力也可学好。于是养成做事马虎、不求甚解、怕吃苦等不良习性。

但到了初二，情况完全不同了。初二一年的知识量，就要超过整个小学六年的两倍。这时，不努力是绝对学不好的。于是不少学生跟不上了！

进入初二，大部分学生逐步进入了青春叛逆期，由于学生心理发展不成熟，对自己的认识不足，他们在困难面前，往往找不出解决问题的方法，转而采取自我安慰、自我放弃的错误做法。学习的特性是长期性，需要坚持不懈地追求。但部分学生恰恰是缺乏起码的意志和毅力，怕吃苦，怕受累，就衍生出应付心态，造成学习不扎实，在初二大踏步退下来。

（2）那么，面对如此危机，如何化解？

改善学习方式。肯动脑筋，善于思考，善于提出问题。提出问题，往往是成功的一半。

知识面要尽量开阔。要有大量的课外学习、大量的生活实践作支撑。这时我们家长要特别注重孩子的知识积累，尽量为孩子创造课外学习的环境和条件。

关注学习成绩的"智力含量"。不要只强调学生的成绩分数，而要看成绩是如何得来的。

是靠死记硬背，还是独立思考？我们尤其要关注的是孩子的学习方式、思维介入的程度。

（3）进入初中，面临的情况发生突变，这时提升孩子素质就成为一项紧迫工程，不解决这个问题，初二这道坎迈不过去。

培养孩子刻苦、勤奋的优良品格。家长要让孩子正确认识，"会学习才会玩"，"会玩才会学"。提倡"快乐学习"已很多年，但掌握这种学习方式的前提是刻苦和勤奋。

培养孩子的忍耐力。"勤奋"里面包含的内容太多。首先是要有主观愿望，有一个自己努力的目标，其次是控制力和忍耐力。把主观愿望和控制力、忍耐力融为一体，组成为一个人的意志力。希望孩子勤奋，还是先从培养忍耐力开始。

不要迷信天才，始终相信勤奋。若想成就一番大事业，不勤奋学习是不可能的。成才的道路只有一条——奋斗。

（4）初中学生学习成绩好坏，主要不是取决于智力因素（智商），而取决于非智力因素（情商）。

非智力因素即品德、意志、毅力、兴趣、体力，还有习惯等。良好的学习习惯让每个人的学习终身受益，也是学习好坏的重要因素。好的学习习惯包括上课习惯、自习课习惯、做作业习惯、预复习习惯、考试习惯、记忆习惯、反思的习惯等。这些良好习惯的养成，就要看每个人的意志、品德，尤其是遇到困难的应变、处理能力。

初二学生一般刚进入青春期，心理起伏大。特别是女生，这时更多关注自己的形象、仪表、生理的变化，造成学习不专心。有的男学生开始产生对女生的吸引，开始特别注重穿着打扮，没事总往漂亮女孩跟前凑，由此分散一部分学习精力。

这时，加强青春期教育和引导，提上了学校、家长的重要议程。父母要及时以适当方式，对孩子进行生理、心理方面的正确引导、教育，使孩子正确对待自己身体、心理上的变化，坦然迎接挑战。从而解除孩子心里的困扰，专心学习。

性格比较狭隘、偏激、或内向而不善于交流的孩子，容易出现各种各样的问题，有的交上坏朋友，有的会从不良书刊、游戏和网络上寻找寄托。处理不好人际关系会严重影响孩子的学习过程和学习成绩。我们家长要引导孩子正确处理与亲人、与老师、与同学的关系。一般来说，成天对别人意见一大堆的人，往往比较狭隘、偏激。家长应教导孩子学会以爱心、宽容之心，去包容他人，善待他人，体谅他人，友好相处。

初二时期，媒体和同伴对孩子影响非常大，甚至超过父母和老师。

一个很好的孩子，会因崇拜歌星、影星、痴迷上网、痴迷游戏、早恋、与社会上的"哥们儿"交往，致使学习成绩一落千丈。

这个问题家长要特别警惕！

初二是人生观、价值观形成的关键期。这时的孩子，如果没有理想，产生不正确的价值观，如拜金、虚无、仇视、冷漠等，不仅会导致学习上出现大问题，重要的是后患无穷，一旦这样了，以后就再也不好教育。他的人生之路怎么走，着实会让我们担忧！

尤其是，要特别地留心孩子交朋友情况。交什么样的朋友，能反映出孩子的真实状态。孩子小，是非判断力较弱，又正是理想和价值观形成时期。在这时刻，家长一定要帮助提高辨别是非的能力，结交好朋友，断绝坏朋友。

啰啰唆唆说了这么一大摊，也不知道是否把"初二最关键"这个问题说清楚了。虽然这是大家公认的一个话题，但各家的认识与做法也不可能完全一样。所以，我说这些，只能算是一家之言。

总之，是想提醒家长、老师共同帮助孩子走好初二这关键的一步。

第五章

求进取（高中教育阶段）

故事 31

中考风波——变压力为动力

2011年暮春、初夏时节，对于我是个苦恼的季节。

时间进入5月，全县小学、初中、高中毕业学生都在紧张有序地准备着毕业、升学考试。当时我已担任了几年教育局局长，每年小考、中考、高考前1个月，都是忙碌时候，整天大会小会，布置工作，督促执行，从早到晚事务缠身，也就顾及不上家里和孩子。

但偏在这个节骨眼上，一件大事的发生，让我猝不及防。

这年小二初三，也在中考之列。他初中三年的平常考试成绩，逐年进步。进入初三成绩更好，基本维持在校10名前后，但进入校前5名内还是有困难的。这样的水平，考沁水中学应该不成问题，这正是我想让上的高中，所以我也就没去管。

可怎么也想不到，这孩子在中考前一两个月，突然发力，各科成绩全面提高，一下子向前赶超了一步，临考前排在校5名左右，跻身于尖子生行列，成为考晋城一中名副其实的希望之星。所以报志愿时，我还是非常留意的，在学校老师的帮助下，填报了沁水中学。后来，约过了1周时间，市招办组织补报志愿，没想到这孩子根本不跟我商量，与学校几名学习好的同学私下做了联系和商定，毅然补报了晋城一中。晋城一中是首批录取高中，录取那天上午我正好在市教育局办事，中午下班后，招生人员告诉我："马笑天录取到晋城一中了"。

这消息一下子把我击懵了。

晋城一中是全市最好的高中，师资雄厚，条件优越，更有几十年形成的一套教学规程和管理经验，所以高考质量非常棒，近些年高考升学率稳居全市第一，并且每年都有一批学生踏进北大、清华等重点大学。所以，晋城一中就成为孩子们梦寐以求的好学校，因为考上晋城一中基本上一只脚就已迈进大学校门。

迫于这种形势，各县为了保证自己的升学率和高中教学质量，纷纷采取了一些措施，设法挽留本县优秀学生在本县一中就读，以防高分学生外流。

我们沁水也是这样。高分学生尽量不让外流，而考上晋城一中的学生，一般都是高分学生。

为了留住好学生，在不同范围的校长、教师座谈会上，我多次要求客观宣传我县教育教学质量，为留下优生营造氛围。那几年，教育质量连年向好，高考二本达线人数逐年攀升，仅三四年时间，我县高考二本达线人数，就由原来的一百多人增至四百多人。中考成绩也是稳中有升，年年进步。同时我还口头要求，要把高分学生留在沁水中学，本系统领导子女更要带头做到。此外，还采取了一些具体做法：让沁水中学老师亲自登门，到高分学生家中做工作挽留学生，有时甚至要求沁水中学老师与初中班主任尽量结对子，到高分学生家中做宣传和挽留工作。当年的"留生"工作已做了安排，正在有序开展。

可就在这节骨眼上，小二居然考走了。

刹那间，我被推到风口浪尖，受到前所未有的巨大压力，陷入深深的困境。

如何面对这突如其来的变化，是摆在我面前一个重大而棘手的问题。

最主要的是，我已完全失去了诚信。继续留在教育局，会对我开展工作造成很多不利和困难，甚至可能直接影响到沁水教育的发展。

当时，我心里反复追问自己：如何面对部下？如何面对校长、老师和教育工作呢？

于是，我决定引咎辞职。

2011 年 7 月 15 日，也就是我儿子被录取到晋城一中的当天下午，我急忙赶回县城，在宾馆见到了时任县委书记，认真说明情况，诚恳提出要求。书记沉思片刻，说：这不是什么原则问题，谈不到犯错误。孩子选择晋城一中，是他自己的权利。如果将来能出息有个好前途，也是很好的事嘛。这样吧，你先继续干着，稳好工作不要有情绪。

后来，我又主动找领导反映了自己的思想和要求。那年是换届年，书记刚来不久，说是事情提得太急，还在了解情况，要干好工作，等候组织决定。

过了一周多时间，县委书记和组织部部长叫我谈话，这次有了结果：暂时休息，等待安排。

从我提出辞职请求，到县委常委会研究决定我卸任教育局局长，等了十五天时间。

过了 1 个月，组织做出决定，调我到沁水县文体广电新闻出版局，任局长。

一场风波，终于尘埃落定。

从小二录取晋城一中，到我走上新任工作岗位。一个多月来的时间，心里始终没有平静下来，一直反思着自我，觉得家中成员也有压力。好像不是什么事情，无所谓；又好像不是正常事情，时有疙疙瘩瘩不顺畅的感觉，说也说不清楚。尤其小二，一张小脸苦着，总是躲着我。

那时，我还顾不上理会他。现在，赋闲下来，终于有时间整理思绪，坐下来和孩子谈一谈了。

想不到是小二先开口：爸，对不起，我……

我急忙把他拦住：孩子，前些天爸没顾上和你谈，现在跟你交个底。首先，爸没有一点怪你的意思，你没错。你姐当年考上晋城一中上北大，你现在也去晋城一中，人家各方面都比咱县一中强，所以爸其实很高兴。其次，这次爸离开教育局，是我主动要求，组织上做的决定，跟你没关系，你不要背包袱。你还小，有些事情你还不能懂。马上就要开学，你要做好准备，轻装上阵，投入学习，像你姐姐那样努力。

9月，开学季，小二高高兴兴去报到，好像很轻松。但我明白，这孩子是带着很大压力走的，他的内心里依旧深陷自责中，以为是自己一次自作主张的报考志愿，给父亲造成这么大的影响。

更没想到的是，报到后分班，小二分在501班，其班主任竟然是姐姐当年的班主任冯沁峰老师。在菲菲学习、成长路上，冯老师付出了巨大心血与汗水。菲菲也算争光，顺利考上了北大，也是冯老师的骄傲吧。小二入学不久，曾在某一场合，冯老师有些炫耀地介绍：2005年，我校应届生马菲菲以全校理科第一名考上北大，她的弟弟现在就在我们班上。虽然，没有直接点出小二的名字，但小二自有感觉，无意之中形成一种难以抗拒的压力。

对父亲的深深负疚来自姐姐和其实不属于自己的夸赞。

这两种大压力的双面夹击，顿使我们的儿子处于十分窘迫的境地。智力上，小二比姐姐感觉也不差。如果说菲菲优秀靠一些天分和自觉，那么，小二就要靠勤奋和自律。他只有把这双重压力成功转化为激励，加倍努力，或许才能追上姐姐的脚步。

压力是一种复杂的感情，是心理与精神上的反应，能激起人体许多系统的活力。

压力也是能量人们感受压力和处理压力时有很大的不同。

现代社会，每个人都承受着多重的压力。有的人在压力下一蹶不振，丧失了奋斗的勇气。也有的人将压力转变为了动力，激励自己不断前行，不断进步。于是，抗压能力成了一个流行的名词。

对高中生来说，学习压力大是很普遍的现象。

从高一到高三，随年级升高而压力增大。特别是高三，需要经历的考试更多，基本上每月、甚至每周都有考试。而且面临高考、以及一旦失利就不得不沉沦社会，不得不去应对打工的焦虑，所以挑战更为迫切。几乎所有高三学生，无一不绷紧得如一张满弓之弦，精神也处于高度紧张状态，用"夙兴夜寐"来描述高三生活，恰如其分，一点也不过分。

高三学生的压力主要来自以下四方面：

1. 学业的压力。

学业压力无疑是高三学生心理压力的主要来源。进入高三以后，学习内容增多，课程加深，对学生的自学能力要求进一步提高。一些学生从一开始没有很好地加以调整，以适应这一急转弯，所以感到压力急剧上升。

2. 考试的压力。

部分学生平时成绩一直稳定，但一遇重要考试就紧张失常。考前吃不好睡不香，心律失常甚至生病。考时更加紧张，拿到试卷便脑子里一片空白，半天进入不了状态。平时得心应手的题目，一考试反而不会答了。

3. 同学的竞争压力。

有的学生学习成绩总是名列前茅，但十分担心别的同学超过，于是整天争分夺秒地学习，不敢有一刻松懈。由于长期处于紧张状态，焦虑过度。渐渐地思想不能集中，时间一长，一步步倒退下来。

4. 家庭的压力。

还有些学生家庭经济拮据，父母挣钱很艰难，但却极力支持孩子高考，并对孩子说，只要考上大学，愿意倾家荡产、贷款也要供其读书。这反而给了孩子极大的精神压力。

面对如此复杂、紧张局面，高三学生必须学会自我调节、自我减压。毕竟有些压力总是得自己扛过去，说出来就成了充满负能量的抱怨，寻求安慰也无济于事，还徒增了烦恼。

不要把目标定得高于自己能力所及。

有效地分配时间，将学习任务按轻重缓急编定先后次序，然后依次逐步完成，阶段性的成果可分散、减轻部分压力。

课余时间应做适量运动，既可强健身体，亦可松弛减压。

遇到困扰或情绪低落时，可与家人、朋友倾诉，或通过与同学的沟通，获得支持和关怀，亦可发泄情绪。

绝大多数人，在绝大多数时候，都只能靠自己。

人活着，要有所追求，有所梦想，要生活得开心、快乐，这才是理想的人生。上天给我们机会，让我们来到世间走一遭，我们要学会珍惜！因为生命是如此短暂，如果我们不知道珍惜，它将很快逝去，到头来一事无成。

时间，抓起了就是黄金，虚度了就是流水。书，看了就是知识，没看就是废纸。梦想，努力了才叫理想，放弃了那只是妄想。努力，虽然未必会收获，但放弃，就一定一无所获。再好的机会，也要靠人把握，而努力至关重要。放手去做、执着坚持。

压力人人有，但聪明的人会自我激励，把压力转化为动力。

我们小二高中时在外租住的房间墙上，贴着很多纸条，其中一张上面写着："一切内心要争取的条件、希望、愿望、动力都构成了对人的激励。"

这或许可以解释他在晋城一中的全部努力。

故事 32

高中入学先谈话——激励与规矩

2002 年 9 月 1 号，菲菲报到晋城一中入学，过了三天，在她基本理顺手续，就要正式开始进入高中学习状态，我即专程赶赴晋城，安排了一次和她谈话。

这次谈话内容，中心只有一个：上了高中，学习环境、学习内容和方法、学习习惯、住校生活自理等等，都与初中时期大大不同，一切要从零开始，争取尽快进入状态，适应新的环境。因此在心理上，必须跟上形势，做出调整，这就是改革。正所谓因势利导，一个十五六岁的女孩，豆蔻年华，各方面趋于成熟，将在高中时期踏进青年期。而高中对她来说，是成长过程的一个重要阶段，高中学业的优劣，会直接影响到上大学，以至就业等系列人生大事，关系今后一生。所以，在即将开始时，为孩子提出新的要求，制定新的规矩，新的标准，就显得必要而适时。

记得当时定下这么几条：

（1）自己的衣服自己洗，自己的事情自己做好。

（2）就学校餐，干净营养也便宜，不许到外面吃饭。

（3）有规律学习，学会自我减压，善于总结经验、教训。

（4）反对熬夜，反对题海战术，摸索一套适合自己的学习方法。

（5）按时作息，坚持锻炼身体。

（6）高考是件普通的事情，要正确对待。

（7）遵守校纪，从严要求。

（8）必须尊重老师——见了老师主动让路。

要团结同学，产生矛盾先放放，不要计较。发生冲突时主动走开。

9年后，即2011年9月1号，小二入学晋城一中。也是过了三天，我再次专门去晋城，与他进行入学谈话。与菲菲谈话内容差不多，只是因为是男孩子，在锻炼方面，要求更为具体：

坚持锻炼，每天保证一小时，一周保证两次运动到全身出汗。

咬定青山不放松，立根原在破岩中。

千磨万击还坚劲，任尔东西南北风。

少年易老学难成，一寸光阴不可轻。

未觉池塘春草浅，阶前梧叶已秋声。

这是我特别喜欢的两首诗，在菲菲、小二进入高三时，我分别郑重抄写作为礼物送给他们，以示鼓励。

在培养教育我的两个孩子过程中，我深深体会到，家长对孩子必须做到：一不打击，二不贬低，三不嘲讽，四不严厉；而一定要多表扬、多启发、多引导、多温暖——这就是激励机制。

我始终认为，是否学会激励是家庭教育成败与否的关键。

激励最主要的作用是导致一个人是否努力及其努力的程度。

毛主席说："学习是个兴趣问题。很多人都以为是意志问题，其实不然，是兴趣问题。"无数事实证明毛主席说得很对！凡是根据兴趣学习的人都可能成为天才。要想激发孩子的兴趣，要学会"放大优点"。一旦孩子能根据兴趣去学习，就会有无限的动力。

所以家长要学会正确的激励自己的孩子。

激励要有针对性。要看准孩子的闪光点之所在，即他到底有什么特长，把他的闪光点激活。针对孩子特长给予的激励，甚至可以一激"定终身"。这种具有远见性的激励，往往能使孩子确立一种追求、树立一种志向，并最终取得成果。表扬、激励的语言要有实质性，用词要恰当，实事求是，不能空泛。大而空的表扬，没有多大作用。

激励要真诚、动情。轻描淡写、面无表情的鼓励与肯定，会使孩子不以为然，甚至不领情。其实孩子都很敏感，什么是真诚的表扬，什么是随意说说，一听就知道。

激励要及时，要把握好时机。事情过去很久或失去良好的时机才去赞扬，就失去了意义。及时赞美是第一阶段。突出的表现，赞美要重复，这是第二阶段。这样递增的激励，会使孩子获得荣誉感。还有一种激励手段叫"掌声"。不要低估了掌声的作用。掌声是世界通用语。经常把掌声送给孩子，会收到意想不到的效果。

我也是在老师的激励下成长的。当年老师讲课情景早已淡忘，但对老师所有鼓励、表扬的话，至今还铭记在心中。

我对"激励"的作用深信不疑。"唤醒、激励、鼓舞"是我教育培养孩子中领悟的最管用的方法。但它的背后必须站着了解、理解、真诚和热情。一句话，必须有"爱"来支撑。

教育很艰巨，但只要从心开始，一切变得轻松。

教育很复杂，但只要耐心、坚持，谁都会成功。

此外我还认为，用古今中外先贤的格言、警句来激励孩子，不失为一种更好的办法。因为这些话，凝结着这些伟大思想先驱者对人生、自然、世界的全部思索，语言华美、深邃而精粹，对孩子的刺激与教导更直接。

在以往日子里，我给我们的菲菲、小二摘录了太多这方面的东西，其中有关学习、时间、决心的句子，还记得一些：

成功决不喜欢会见懒汉，而是唤醒懒汉。

聪明的人有长的耳朵和短的舌头。

——弗莱格

重复是学习之母。

——狄慈根

当你还不能对自己说今天学到了什么东西时，你就不要去睡觉。

——利希顿堡

学到很多东西的诀窍，就是一下子不要学很多。

——洛克

学问是异常珍贵的东西，从任何源泉吸收都不可耻。

学习是劳动，是充满思想的劳动。

——乌申斯基

聪明出于勤奋，天才在于积累

——华罗庚

好学而不勤问，非真好学者。

书山有路勤为径，学海无涯苦作舟。

人的大脑和肢体一样，多用则灵，不用则废。

——茅以升

你想成为幸福的人吗？但愿你首先学会吃得起苦。

——屠格涅夫

成功＝艰苦劳动＋正确方法＋少说空话。

——爱因斯坦

勤奋是你生命的密码。

勤奋是你一生的幸福。

故事 33

拒借公利私——廉洁从律己做起

菲菲、小二先后考入晋城一中时，我曾担任县不同部门岗位领导职务。那个时期，几乎每周都要到市里开会、学习两三次，常有开会、学习之后，统一安排一起就餐。有时会结束的稍早些，大有时间到学校接上孩子一起吃"会"饭，当时这种会、学习后安排的饭要明显好于一中学校的学生餐。但我一次也没有把孩子叫出来一起吃顿"丰盛"的"会饭"，借公而利私。

机会有多次，但我压根不想这样。

我不是有意标榜自己多么干净，而是我有自己的想法。我怕不经意把儿女拉扯进这种事体中来，会让孩子觉得吃点公饭、揩公家油水原来如此容易，如此简单，从而产生贪图便宜的不良想法，污染了孩子还相对纯洁的心灵，这是其一。其二，当时的公饭也存在浪费现象，一桌饭菜总会剩余不少，就餐者已酒足饭饱，擦嘴拂袖而去。天天给孩子讲"粒粒皆辛苦"的道理，不能剩饭，提倡节俭，反对浪费。面对如此饭局，何以圆说？所以，对孩子的自身修养、品德塑造，从小就不可掉以轻心。一足踏错，步步歪斜。要让孩子走正路，务必从廉洁教育抓起。

"勿以恶小而为之。"所有做错的大事，都是从做错小事开始的。我对此类问题的认识还是比较清醒的。

我国目前正处于社会转型时期，国际国内形势的深刻变化，使青少年学生面临着大量西方文化思潮和价值观念的冲击，社会上一些消极腐朽的思想观念和侵害公众利益的腐败现象，对青少年学生造成了非常大的不利影响。中央在《建立健全教育、制度、监督并重的惩治和预防腐败体系实施纲要》中指出："教育行政部门、学校和共青团组织，要把廉洁教育作为青少年道德教育的重要内容，培养青少年正确的价值观念和高尚的道德情操。"中纪委、教育部联合发文，更决定从2005年9月开始，在大中小学启动廉洁教育工作，廉政文化"进校园、进教材、进课堂、进头脑"。

国家层面的一系列的发力，凸现了廉洁教育的极端重要性。

所谓廉洁就是清廉、清白。有人曾经问我："廉洁是大人的事，干部的事，跟小孩有什么关系？"。但实践经验告诉我们，学生时代正是一个人道德观、人生观、价值观形成的重要阶段，接受什么样的教育，经受什么样的文化熏陶，身处什么样的环境氛围，对其人生道路影响巨大。孩子们将来要走上社会，成为一个合格的公民，因此必须从造就未来接班人的高度，来审视和认识廉洁教育的意义。

但中小学生毕竟还是一群半大孩子，说懂事也懂事，说不懂事也不懂事，对他们讲太多的理论没有用，最有效的办法，是把廉洁教育的目标与孩子们自身行为对接起来，加以规范。

我当时坚决主张：

一是诚信教育。诚实守信是人最宝贵的品德。要让孩子知道，一个人在与别人交往时诚实无欺、言而有信，这是获得信任的基本条件。而一个虚伪欺诈、假话连篇的人，必将受到大家的排斥和孤立。所以，少年儿童必须要做到的第一条，就是不说假话。犯了错误，不要隐瞒，也不要欺骗他人，而要勇于承认错误，勇于改正。这样大家也就会信任你，喜欢你。

二是针对学生行为，要有一些具体规定。穿戴整洁、朴素大方，不烫发，不染发，不化妆，不佩戴首饰；男生不留长发，女生不穿高跟鞋；讲究卫生，不随地吐痰，不乱扔废弃物；举止文明，不说脏话，不骂人，不打架，不赌博；不涉足未成年人不宜的活动和场所；情趣健康，不看色情、凶杀、暴力、封建迷信的书刊、音像制品，不听不唱不健康歌曲，不参加迷信活动；爱惜名誉，拾金不昧，抵制不良诱惑，不做有损人格的事。

廉洁，是一种崇高品质。

廉洁教育是一项难度较大的工作。

让我们家长一起努力，重视孩子品德建设，从小抓起，从娃娃抓起！因为我们都渴望孩子优秀。

故事 34

成长发育不可阻挡——但一定要防止早恋

女孩子进入高中，生理、心理发育也同时进入一个快速阶段，女性特征更加凸现。一些早熟的孩子，成长觉醒来的更是迅猛。早恋成为不可抑制的现象。

正是这个早恋，不知毁掉了多少孩子的学业，从此在学习上一蹶不振，甚至危及今后的人生。

早恋猛于虎。

在高三第一学期12月下旬的一天，我来市里开会，因近月底、年底，考虑到女儿到买饭票的时候了，会后我赶到了学校，正是下午课后活动时间，我与女儿说明来意，一是开会顺路想来看看近段学习生活情况；二是月底要买饭票，把饭票钱给留下，抽空了她再到事务处购买。出乎意料，菲菲却说："爸，不用了，我的饭票还多哩，现在吃饭有时就不用交饭票"。

"嗯？还有这样的好事？"

细问才知，原来每次开饭，她班男孩子体力壮，个头大，一轰挤到前头，女孩们根本靠不近打饭口。这时就有个男娃，从人头上空伸来胳膊，接过菲菲的饭盒给菲菲打饭。开始打了饭菲菲要给饭票，那男娃再三强硬推辞不要。后来呢，菲菲就不给他了，饭算白吃了。因此，不用付饭票了。

坏了！我心里咯噔一下：那男娃可能对她产生好感了，即便无恋爱之意，起码也是对她产生了一种朦胧的好感，任其发展，怎么了得？

可我不能有一丝丝不满意表现，女孩子脸皮薄，说破了尴尬不说，闹不好反给菲菲增加心理负担，把事情弄得不可收拾。

于是我装糊涂，呵呵哈哈劝说了一顿。

菲呀，咱可不能白占人家便宜，这样不好。

爸的工资，你妈工资和加班费，拢在一起足够你上学、全家生活开销。就这么点钱，假如你把饭票白给了别人，我和你妈会是什么心情？肯定不高兴。我们的觉悟还没有那么高。

"孩子，把饭票还给人家吧！"

"还不了啦，爸。男同学有尊严，有面子……"

"可老爸的面子没有了。"

"人家男孩爸妈挣的钱，给咱买饭票，合适吗？"

"……"

似乎菲菲有点领悟了。

为这事，父女俩小争了半天，没有明确结果，我就借口开会，走了。

回到沁水，我细细回想，虽然还有点忧心，但我给自己打了100分：这件事处理正确。正确之一，没有捅破这层窗户纸，虽然我们父女俩心里都清楚怎么回事。正确之二，给菲菲敲响了警钟，但也留足了体面，留足了退路。

而我们的菲菲果然也领会了老爸深意，类似的事情高中再无发生过，肯定也没动过少男少女的脑筋。后来上了大学，男女同学才有交往，也认真选择了自己的男友，爸妈都也支持，毕业参加工作，然后与大学同学结婚成了伴侣。

事后，我抱着探究态度，读了一批资料。

首先，早恋是个普遍现象。处于青春期的孩子们，有这种心理是很正常的。

其次，早恋不是一种错误，它只是来得早了些。

第三，无论从前、现在，学校都明令禁止中学生早恋。

孩子早恋，一般是有些迹象的。

如果你发现你的孩子最近变化很大，怪怪的，不爱说话了，又特别爱打扮，脾气也变得喜怒无常，常常独自微笑，这可能就是有朋友了。对此，作为家长先什么也不要问，更不要嚷，继续默默地观察，并在有关早恋的科学常识、危害、预防等方面，做些思想和对策上的准备。

早恋现象远比我们想象的要复杂很多。

早恋无论如何都不是一种好的开放思想。不管是以前还是现在。

中学生的早恋往往是情感强烈，认识模糊。相爱的原因往往极其简单，根本没有牢固的思想基础。比如有的是出于对异性的好奇心、神秘感驱使；有的是以貌取人，为对方的性格、风度所吸引；有的是佩服对方的学习和才能；还有的只是由于碰巧遇上、发生个别事情的交织等，对对方产生了好感。

孩子们还根本不懂爱情。

远没有认识到好感是一回事，感情是一回事，真正的爱情需要观念、信仰、情操做支撑。实际上，有些孩子的恋爱，带有很强烈的尝试性质，有"过家家"的意味。

但其极其严重的危害性决不能小视。

影响学习和生活。有的学生错误地认为，"只要两人志同道合，不会影响学习"，或是可以"相互促进学习"。但从医学角度上讲，早恋者往往以恋爱为中心，情感为对方所牵制，加上身心未成熟，不影响学习几乎是不可能的。

1.早恋容易让孩子受到伤害。青少年性情不稳定，心理不成熟、脆弱且耐受力差，恋爱中极容易产生矛盾，更会在情感波折中受到冲击和伤害。有的青少年因早恋受挫而怀疑人生，给自己的感情生活投下阴影，甚至影响今后的婚姻生活。

2.早恋极难成功。早恋的盲目性、不成熟性，以及父母、学校的干预，导致孩子举动失措，精神处于高度焦虑状态，造成多方面打击。

3.早恋会给孩子造成严重心理伤害。有研究资料显示，在17岁前谈情说爱的少年人，由于无法应付初恋带来的情绪困扰，将为日后患上精神疾患埋下隐患。

4.早恋可能威胁学生的身体健康。由于青少年容易冲动，并且自我控制力差，早恋的孩子很容易做出些过度和过激行为。

5.增加经济负担。对于恋爱中的孩子，可能会为了自定义的爱情，做出各种"海枯石烂心永不变"的承诺和表现，"为了你，我什么都不在乎"，所以花起钱来豪迈大方，一点不知节制，直接加重了家庭经济负担。

那么孩子早恋，我们家长该怎么办呢？

不要苦恼、不要着急，不要过度干涉。首先，家长在碰到这件事情的时候，不要愁容满面。谁没有过青葱的岁月？孩子对陌生的事情，总是感到新奇的，恋爱迟早都是孩子成长过程中要经历的一件事情。你的孩子出现了早恋，也是一件挺正常的事情，说明你的孩子长大了！家长要做的不是"有点接受不了"，而是要正确对待，科学处理。不要在第一时间知晓孩子早恋后，什么情况也不问，劈头盖脸的就是一顿训斥，这让孩子有点措手不及，有孩子甚至会产生逆反：你越不让我这么干，我偏要这么干。

要与孩子多交流。在孩子出现早恋的现象时，家长要与孩子好好地交流，只有沟通到位，你才会知晓孩子心中是怎么想的，进展如何。你得循循善诱，你得晓之以理，你得说服孩子，明白道理：中学阶段的主要任务是学习，负担极其繁重。如果早恋的话，必然会占用许多学习时间，这样，很容易就会耽误自己的学习，影响前途。孩子还小，需要正确的指引。

因势利导。孩子出现早恋，家长要学会因势利导，不要扼杀孩子对美好事物的向往。每个人都有追求美好的权利，关键在于你怎么引导，引导得当，会改变局面，产生积极向上的力量。

孩子们渐渐长大了，也是有自尊心的，但这自尊心很脆弱。早恋这种事，是孩子的私密，无论如何都不可以当面揭穿。正确的方法是跟孩子私下交流，温情抚慰。很多孩子都是因长期缺乏这样的交流、缺乏温暖、缺乏爱，才去寻找一个关注自己、关心自己、有话可说的知心人。

注重青春期教育。学生早恋，很多是出于对异性的神秘感、对异性外貌特征、肌肤等的刺激因素引起的。所以，破除孩子对两性身体的陌生化、神秘感，青春期教育就显得十分突出、非常重要了。这时，我们家长能做到的，一是为孩子推荐一些书让孩子看，如《青春期教育知识手册》《心理健康医生》《中学生卫生常识》等，以扩大孩子青春期知识。二是如发现孩子有心理障碍，要及时带孩子就医，进行心理咨询。

孩子早恋很麻烦，很令人头疼，深不是，浅不是。但孩子是咱自家的，又不能推给别人管。所以，无论多么难，还是要自己解决。但这个管，就要有个管法，不能不讲究。盲目、冲动，只能管坏了。

家长，要站出来，陪孩子度过成长期每一个难关。

故事 35

半夜来电——进步的喜讯

以上的几个故事，可说是"排雷"，是"打扫卫生"，是"清除垃圾"，是打"预防针"，目的是在一个学习新阶段开始，就把孩子心中杂念清理干净，消除一切障碍，让他们一门心思，冷静沉着，去迎接高中生活的挑战。

实践证明，我对菲菲、小二采取的这些措施，如不嫌自炫，可说是木雨绸缪，效果显著。

高二一个深夜，菲菲突然打来电话，用的是宿舍电话，声音压得很低，但很急切地说："爸，我考第一啦！第一！爸，全校第一！"

这消息来得有点突然。

但电话那头，菲菲已是激动莫名，兴

菲菲（左二站着）高中宿舍留影

213

奋得像只小鸟，叽叽喳喳把整个儿情况说了个天翻地覆，说到后来，竟带出哭腔。

所谓喜极而泣，大概就是这样吧。

菲菲考入晋城一中，入校时班排名第十七，沁水中考全县第二。但进入人家一中，强手如林，一个个学霸都是从惊涛骇浪里闯过来，其实力大得不可估计。而菲菲这样各县的前几名，在原来学校风光无限，来了这里只能夹起尾巴。

菲菲成绩只在校十几名之间浮沉。

而这次，她终于一战功成，在近一千名理科同学中脱颖登顶，其背后的努力、背后的艰辛、背后的故事，真的说不清。

那一刻，我深深懂得了孩子的这个电话。

不容易呵！我的女儿。

更可喜的是从此之后直到高考，菲菲一直保持这一纪录，再没有滑下来。

这是个激动之夜。

菲菲还在叽叽喳喳说着。

而我，紧紧把话筒按在耳朵上，于这星光灿烂的夜晚，开心地倾听女儿如天籁一般的声音。

总结我们菲菲整个儿学习情况，有几个基本方法：

1. 上课认真听讲，同时做好笔记，紧跟老师的思路，达到老师的要求。

做到这样，就能保证书本知识的大百分比理解，再加慢慢消化，逐步触类旁通。

2. 温故知新，认真复习及时巩固。

这里涉及一个科学名词：选择性记忆。任何东西，经过的时间长了，都会渐渐忘记。但学习这种事情特殊，其强化的是选择性，是记忆的深刻度。只要不断地、有时间就去翻翻过去笔记，时刻保持复习状态，就一定能把学过的知识巩固巩固再巩固，深深印在脑海里。

3. 消除弱科，全面提高成绩。

菲菲每次考试完后，首先调整心态，分析全卷，一道题一道题的分析。做错的不找任何理由掩饰自己，抄于小本，以备不时复习。做对的也不放过，选择有代表性题型再做一次，或动脑寻找还有没有别的解法。这办法用于全部课程。哪一门落下了，就找出不足，进行恶补，总要弄个明明白白，水落石出。我也曾多次讲，"短板理论"，水桶盛水量的多少是由短板决定的，学习同理，弱科决定着成绩的全面提高。考量一个学生的学力，要看全面的成绩，出现弱科，说明那里出了问题。所以，学习无止境，也无主次，齐头并进，才是真本事。每当菲菲哪门课出现弱势，我总是督促孩子加重作业量，分析一下自己的不足，不要找理由说我不小心做错了。不会就是不会，不会才须加强。而加强办法只有一个——多多解题而已。

4. 多读多背。

这个问题我在前面已说的不少。这里我只是要强调一下背诵的重要性。在古代，童子入学，先从《三字经》《百家姓》等幼儿启蒙类书学起，那基本就是背诵，从头到尾，一字不错。年纪稍大，要考童生、秀才，课程增加了"四书五经"，容量一下子扩大了几十倍、成百倍，要把这么多书、这么多字一字不落背下来，而且还要深加理解，可真不容易！那工作量之大，艰巨性之强，非我们今天的学生可以想象。背诵是古人总结出的最佳读书法则，但也是最难的。虽然小时候背记了很多，长大忘了也很多，但确实提高了语文理解的能力，语文学习的悟性，成了一种沉淀在骨子里的能力和涵养。因此也就有了"头悬梁，锥刺股""凿壁偷光"这些近乎受刑、损害健康的训练方式。古时中小学生有两样武器，一是背书，二是一手毛笔小楷字写得出神入化，那时还没有大楷这个名词。

前人告诫我们，"读书破万卷，下笔如有神""胸藏万汇凭吞吐，笔有千钧任翕张"。这种读书，不是翻翻拉倒，看过就忘，而是潜沉研读，多背多记。真正做到——胸藏万壑，游刃有余。

在监督菲菲、小二背书上，我没少下功夫。

积极锻炼，保持好身体，保持好心态。

以上这些，也不是菲菲独创，其实大部分学生都是这样学习的。

但同样一件事，用心不用心做，效果差别会很大。

我家菲菲的特点在于，一是专注，二是坚持。

故事 36

奥赛——实战中提高

又是一个夜晚，菲菲又来电话了：爸，学校定我参加奥赛了。要求选一个强项参赛。我决定选物理……

不对呀，菲，你的数学最好呀！

是，我的数学是强项，但我要用弱项去拼，去与同学强项比，看有多大差距，给自己一个锻炼，一个证明，也是自我挑战。

这……

想了想，菲菲的想法是正确的，并很有决心，我也顺其同意并表明支持。

奥赛，是奥林匹克学科竞赛的简称，正式名称是全国中学生学科竞赛。

这类赛事由省里组织，分初赛、复赛两轮。第一轮初赛菲菲入围了，通知她参加复赛，复赛省里特别要求：须在山西大学培训 20 天，然后进行。学校参加物理复赛就菲菲一人，自然学校也是重视的。对菲菲来说，复赛成绩如何又当别论，但无论如何是一次档次很高的实战演习。即便赛不好，也将会对孩子今后学习带来不可估计的促进。

培训报到那一天，由班主任冯沁峰老师陪同，师生俩赶赴太原。

这位冯老师，沁水嘉峰人，原就是晋城一中尖子生，后考入复旦大学，毕业那年，他一中时的老师正担任校长，特别欣赏其学识才能，专门联系要求他回母校，担任物理教师。他先是菲菲班主任，后又是小二的班主任，在我两个孩子身上，冯先生可谓倾尽全力、倾囊相授，付出很多心血。

多天后，奥赛结束，菲菲夺得山西赛区物理一等奖。

这也是晋城市物理最高奖项。

回来后，菲菲没有多说比赛情况，却喟然一声长叹：爸，可怜哩！人家山大附中参赛 10 多人，省实验中学也足够 10 人，运城康杰 5~6 个，只有咱晋城，一个老师，一个学生，单枪匹马，少得可怜……

我不知孩子为什么对此感叹。

但有一点我明白，这次出征，也算旗开得胜。

更重要的是，将对我们菲菲产生多大影响，真也不好说。

中国奥林匹克学科竞赛，是中国国家科委主持的一项全国中学生智力赛事，分数学、物理、化学、生物、信息学 5 门，每年举办一次。

每科竞赛夺得决赛的第一二名，被选拔参加对应学科的世界奥林匹克竞赛。

奥林匹克竞赛的宗旨，是通过竞赛为少数优秀的青少年脱颖而出、成为优秀人才创造机遇和条件。这项活动开展以来，受到广大中学生欢迎，并被视为展示学力、竞争力的顶级重要平台。其中获得优异成绩的同学，可获得参加自主招生考试的资格。

奥林匹克学科竞赛是一项面向全国中学生的竞赛活动，参加竞赛可以塑造自信，开阔视野，增长见识，丰富阅历，也是一种重要的研究性学习方式。对参加奥林匹克竞赛的学生，选拔比较严格，一般偏重于天赋和兴趣。

我们菲菲被选中，机会难得，也可说是一种荣誉。

但她在校学的最好的一门是数学，可菲菲坚持以比较弱的物理参赛。对此决定，我只同意，但不理解。

作为一个可遇难求的锻炼机会，竞赛结束了，菲菲获得奖次，真是不易，出乎我的意料。

回到学校的女儿，波澜不惊，安之若素，马上投入了紧张的学习，似乎很快就把这次经历忘记。

事后慢慢琢磨，正所谓性格决定命运，菲菲决定参加竞赛前，已把这次赛事研究透彻。这个比赛，充其量只是荣誉性的，只是一个锻炼机会。所以她决定以物理一搏，目的不是分数和名次，而是掌握更多的学习方法和窍门，提高从不同的角度来分析问题和解决问题的能力，这比参赛本身更重要。

这一次是她高中赛事中奖项最高的一次。

高中是求进取的阶段，参加国家、省、市各类学科赛事，对俩孩子来说，既是锻炼，促进学习，也是提高实战能力的一种极好的操练。

俩孩子高中阶段，分别参加过多项赛事，曾有不同奖次的获得，部分记录如下：

马菲菲：

（1）荣获第四届全国中小学素质教育英语知识能力竞赛高一年级组特等奖。

（由：中央教育科学研究所外语教育研究中心、中国英语教学研究会素质教育研究中心、山西省中小学生竞赛活动管理专用章颁奖）

（2）第十九届山西青少年科技创新大赛作品《关于春节期间电视节目的调查报告》三等奖。

（由：山西省科学技术协会、山西省教育厅山西省科学技术厅、山西省环境保护厅、山西省体育局、山西省妇女联合会颁奖）

（3）第二十一届全国中学生物理竞赛中荣获山西赛区一等奖。

（由：山西省物理学会、山西省中学生物理竞赛委员会颁奖）

马笑天：

（1）全国中学生数理化学科能力展示活动

（2）获山西省高一年级数学学科二等奖

（3）获山西省高一年级物理学科二等奖

（4）获山西省高二年级数学学科一等奖

（5）获山西省高二年级物理学科三等奖

（6）获山西省高二年级化学学科二等奖

（由：中国青少年发展服务中心、全国青少年走进科学世界科普活动指导委员会办公室、全国中学生数理化学科能力展示活动组委会颁奖）

（7）第三十届全国中学生物理竞赛二等奖

（由：中国物理学会、全国中学生物理竞赛委员会颁奖）

（8）荣获二〇一三年全国高中数学联合竞赛三等奖

（由：中国数学学会颁奖）

（9）2013年高中学生化学竞赛山西省三等奖

（由：山西省化学会颁奖）

一次次的赛事，一次次的收获，洒下了俩孩子在高中求学奋进道上的一滴滴汗水，留下了俩孩子在高中求学拼搏途中的一个个脚印。"千淘万漉虽辛苦，吹尽狂沙始到金。"乐从苦中来，收获必须付出。看是赛事，实是对孩子奋发力、坚韧力、进取力的检阅，和对所学学科知识掌握如何的定位和检验。促进了学习的主动性，激发了对学科知识的兴趣，提高了对学科知识的学习能力。

赛，是手段。促进学习，获得知识才是目的。

高中在奋力进取中成长。

故事 37

高二参加高考——勇敢迎接挑战

高二的菲菲可说是"捷报频传"。

就在奥赛回来不久，菲菲再次打电话报告：学校决定尚在高二的菲菲，直接参加 2004 年度高考。

在一刹那，我突然感到一阵全身僵直，随即狂喜涌来忍不住嚷叫：这下好了！太好了！

可以说，菲菲读大学已成定局。

我多年来悬在空中的心，猛一下子落到肚里。

于是，扯被蒙头大睡，好像全身骨头都散了。

已经很多年没有睡过这么安稳的觉了……

由于工作的原因，到乡村学校家户也是常事。我曾许多次目睹一个孩子学习成绩差、或很差，会给整个家庭甚至家族造成多么大的阴影，全家人会因这个"不争气"孩子吃不下饭，睡不着觉，整天愁眉苦脸。而一个家庭孩子学习优秀，成绩始终保持班、校前五名、十名以内，那么，全家男女老少就会心情舒畅，家里家外洋溢着无尽的欢乐。

现在，我们的菲菲把一连串惊喜砸在我们家有些发黄的地板砖上，使我有机会亲自、真切地体验这种世界上最独特、却又可遇不可求的快乐，顿觉四肢轻松如酥，飘飘然直达云霄。

当时已稳居高二全校第一的菲菲，信心满满，填志愿时，只报了北大，而且不服从调配，这就把自己逼到了绝境。考下来，总分674分，而这年北大录取分数线是676分，如多考2分，我们菲菲就可提前一年入读北大。

这结果差强人意，但菲菲并没有懊丧。

因这毕竟只是一次试考。

我给她做工作：这没啥，就是一场演习，不影响明年竞争。还是要正常的发展，正常的成长，严格要求，做合格的学生。

每个六月高考季，中国所有参加高考的孩子和他们的父母，在那短短的几十个小时，好像一下子跌进深渊，身体、精神经历着不可想象的极度煎熬。

高考何以变得如此重要！

高考是一个人人生的重要转折点，其改变的不仅仅是人的命运，甚至是一切。现实生活中，有一考定终身之说法。考得好，特别是考上一个好大学，登堂入室，平步青云，只要大学期间不堕落，从此就保证了大出息。本科、研究生、博士，一路走下去，人生怎能不精彩？考不好，名落孙山，意味着向社会底层滑落，不但公务员没有你的份，甚至连打个好工也未必被人看重，整个儿人生变得稀里哗啦，甚至成为一个生活信心不足的人。可以说，人民群众之所以把高考看得如此重要、严重，并不是出于精神层面的东西，而更多从实际生活出发，从盐油酱醋出发，堆积着厚厚的功利。因此，即将踏进高考的孩子们，无一不怀抱梦想，希望自己吉星高照，考进北大、清华、复旦、人大、浙大等名牌大学，那前途就更加阔大，不可估量。

中国的高考承载了父母、考生太多、太重的期望和负担。

其实高考仅仅是人生中一次很重要的经历，是对自己中学时代的一个总结而已。人生就像一条路，每走过一段路程，都会在身后留下或深或浅的脚印，而高考就是人生之路上的一段路程。考得好，固然可喜。考不好，也不必气馁。学习机会无处不在，只要壮心不已，坚持奋斗，就一定能找到改变命运、改变生活的机会。中国人民深爱的领袖毛主席就只读了师范，他倒是上过北大，但也只是在北大图书馆干管理员。所以，命运从来掌握在自己手上，而不在于一次两次高考。抱着豁达、轻松的心态上考场，或许才能取得好成绩。

而对于参加高考的孩子、特别是农村孩子的父母来说，恐怕就不容易那么豁达、轻松起来了。可怜天下父母心！他们胼手胝足，拼搏半辈子，辛苦半辈子或多半辈子，不惜一切供儿上学，只为了一考定终身，让儿混出个大出息、好前途。所以一旦落榜，也就意味父母的全部心血和汗水泡汤，孩子们真不知该如何面对爹娘那张饱经风霜，被岁月风干的皱脸。高考真正的压力，其实是来自这方面。

　　高考对于社会，意义自非不同。表面上看，高考只是一种为高校选拔新生的考试制度，但其背后的绝大功能却是维护教育和社会公平、维护社会稳定、促进社会层级向上流动。因此高考被称为"减压阀"，在某种程度上排泄人们心中的废气、怨气、脾气、不平之气，维护着社会安定和谐。

　　高考是人生经历最重要的一次不看脸不拼爹的公平竞争。于是孩子们用他们的青春和才华，拼写着坚强的决心。

　　做一题会一题，一题决定命运。

　　破釜沉舟，搏他个日出日落。

　　眼泪不是我们的答案，拼搏才是我们的选择。

　　要成功，先发疯，下定决心往前冲！

　　乐学实学，挑战高考，勤勉向上，成就自我。

　　有大目标，须有大动作。有大追求，须有大改变。

　　挑战人生是我无悔的选择，决胜高考是我不懈的追求。

　　努力造就实力，态度决定高度。

　　拼一分高一分，一分成就终身。

　　读书改变命运，刻苦成就事业，态度决定一切。

　　高考更是一次艰巨的挑战。

　　这是我从网媒上看到的，贴在一些重点学校高三教室里激励性的标语，在"压力山大"的学习环境中，看到这些，会大鼓士气，拼搏效果也可能会明显。

　　在这个世界上，每天都有很多人问自己一个问题：人生的意义是什么？我生存是为了什么？

　　我想应该是两句话：不安于现状，不断去奋斗；追求美好的未来，实现自我的价值。

生命是无限的，人生是有限的。人奋斗一辈子，所有获得拥有的东西最终都是空的。人死的时候能带走什么？金钱、名利、地位、财产一样也带不走，带走的只有一种东西，那就是生命的品质。

人生的意义就是不断挑战、不断实现、不断证明。

追求的人生才会变得精彩。敢于追求，不惧任何挑战，才是勇敢的人生。

每个人都有自己的理想与梦想。

如果你想去实现自己的理想，那么你必须富有挑战精神，不被一切困难所压倒。挑战世界、挑战命运，挑战未来，才是真正的豪迈。

一切伟大的人，都是伟大的挑战者。

他们留给世界的遗产不仅是惊世骇俗的行动和成功，还有深邃的思想：

人的一生可能燃烧也可能腐朽，我不能腐朽，我愿意燃烧起来！

——奥斯特洛夫斯基

人生不是一种享乐，而是一桩十分沉重的工作。

——托尔斯泰

人生的价值，并不是用时间，而是用深度去衡量的。

——托尔斯泰

人只有献身于社会，才能找出那短暂而有风险的生命的意义。

——爱因斯坦

充满着欢乐与斗争精神的人，永远带着欢乐，迎接雷霆与阳光。

——赫胥黎

生活就是战斗。

——柯罗连科

人人好公，则天下太平；人人营私，则天下大乱。

——刘鹗

不戚戚于贫贱，不汲汲于富贵。

——陶渊明

古之立大事者，不惟有超世之才，亦必有坚忍不拔之志。

——苏轼

人只要有一种信念，有所追求，什么艰苦都能忍受。

——丁玲

有了上次省里物理奥赛，有了这次提前参加高考，我们的菲菲已经历两次艰苦卓绝的实战演习，具备了应对大考的一定经验。这将成为她的一个优势。当 2005 那个金黄色的 6 月到来时，菲菲将再度披挂上阵，迎接挑战，勇敢闯关。

在挑战中走向坚强，实现自我价值。

故事 38

滑坡令人沮丧——但要重振信心

也是一个夜晚。

也是一个电话。

这次是小二打来，口气沮丧地向我报告：最近一次考试，全校排名跌出了前五百名之外。

当把电话放下，我和他妈心一下揪紧。这是个不祥的兆头！下坡容易上坡难，这小二一下子跌出五百名之外，全校只一千来名学生，说明他学习出了大毛病，如不加调整，不加改善，不采取相应措施，恐怕会出更大问题。

第二天起了个早，我专门驱车直奔晋城，在小二租住的房间，父子俩展开全面深入的讨论。从过程回顾到查找原因，从细小因素到必然结果，还涉及一些技术性问题，来来回回几遍磋商。

我当时总结了几条：

初中、高中同是中学，但环境变了，学习内容多了，学习方法也就应该跟着变——这一点，你可能没掌握好。

初中在家吃住，这里是住校，生活全靠自理——你可能自我管理能力弱些，影响了学习。

更重要的是学习方法，你要反思一下，是不是还是初中的方法？这就不能适应高中的学习。

要学学你姐姐，你姐人家有自己的一套学习办法，每天早上坚持学英语，并且定有重点和任务，每周做三四套英语模拟考题，从来没落下过。

还有……

谈话持续很长时间，临走时，小二去上课，我仍然不放心，再把一些想法细细写了一封信，留在孩子床上。这封信，没有保存，总的内容依旧是反复叮嘱：小二呀，学会管好自己，学会安排好自己的时间，不急不躁，静下心来，一步一步向前挺进，成功属于那些勇往直前，不吝汗水的人……你千万挺住！不可因一次失败而被打趴下……

回沁水路上，车在山里转，我的心忽上忽下。

回来，我还联系了一位沁水一中资深老师，等到周末小二回到沁水，我带他同往老师家，老师先听了小二的学习情况，针对性地为小二详详细细、认认真真讲解、分析了一个晚上。并提出了指导性意见，再三叮嘱先适应修正一段，不可过急，不可慌张，以稳、以对、以良好的方法解决问题。

1. 有病不怕治，关键是找对医生。

这一连串紧锣密鼓动作，解开了小二心结，也把他逼得没了退路。

"必须振作了！孩子。必须动脑筋，正确动脑，善于动脑。如不急起直追，你小学四年级发下的一定考上中国人民大学的宏图大愿肯定泡汤，十几年的辛苦和努力也跟着付之东流。"

2. 高中生有压力，就会转为动力。

也许落后500名这个现实太沉重，太令人沮丧，如一只重锤把小二彻底砸明白了。于是，这孩子如换了一个人，毅然决然跃入河中，奋力向前游去……

3. 知耻而后勇。

接下来的300名，200名，100名，80名……一路前行，高三后半个学期，小二考到了全校理科前10名，5名，临近高考前夕，挤入了全校前四名。

我简直不敢相信这是真的。

高三寒假前一个月左右，小二又迈出坚强的一步。

这时期，北大等八所重点大学联合自主招生，实行校长实名推荐，学生自荐，网上报名。实名推荐北大，小二条件还不够，压根不敢想，那是一、二名的事。其他大学呢，还是可以争取的，一天下午，班主任冯老师叫小二，让他申报北师大学校推荐。小二几乎没作考虑便一口拒绝："不，我自荐北大！"我们小二不知哪里来的勇气，晚上伏桌竟给北大招生办写了一封长长的自荐信。在信中，这小二豪气冲天，底气十足，把个 17 岁少年的热切情怀与对北大的倾慕，表达得淋漓尽致，再按要求备好了学习成绩单及各种获奖证复印件，经校审核后，一并寄往北大。

下面是小二北大自荐信全文：

北京大学自主招生自荐信

尊敬的北大招生办老师：

您好！我叫马笑天，是来自山西省晋城市第一中学校的一名高三年级学生。我追求卓越，拒绝平庸，希望能在贵校度过未来四年的大学生活。

我的姐姐在 2005 年的夏天被北京大学录取，那时，理想这样鲜活的字眼第一次触动我的心灵——我一定要考上北京大学。在理想的鞭策之下，我不断向前，终于，在 2011 年的中考中位列沁水县第 8 名，以 627 分的成绩被晋城市首屈一指的晋城一中录取（高出当年分数线 19 分）。

然而追求理想的道路并非一帆风顺，在进入高中以后，成绩一向优异的我遭到了前所未有的挫折。在第一次月考中，我排到了年级三百多名，在接下来的两次考试中更是考到了年级四、五百名。我第一次感受到了现实的冰冷残酷，理想的遥不可及。

逆境中我并未选择放弃，并未丧失信心。痛定思痛，我更加严格要求自己，制订周密的学习计划，把错题仔细咀嚼，提高课堂效率，奋力拼搏。

自信的心态，严谨的思考，良好的习惯使我的成绩稳步前进。62，46，37，29，在高二最后一次月考中我的年级名次为 16。到了高三，我更努力。成绩稳居年级前30，在最后一次月考中总成绩为年级第3。我的高中学习历程就像一场逆境突围的战役，也使我比别人更能理解居安思危的道理。

我同时拥有优秀的领导组织能力，在小学、初中、高中均担任班长（高一下学期由班长变为副班长）。我认真负责，仔细探究治班策略，在班级纪律的问题上集思广益，最终通过班干部分管的方式使之解决。班集体在我的努力下拥有了良好的学习氛围，成为年级中实力雄健的理科强班。在高一的元旦歌咏比赛上，尽管我们班有男生较多无法唱高音的劣势，但我与同学们一起刻苦练习，创新形式并最终获得了年级二等奖。

钻研精神也是我的品质之一。碰到难题，我总有一股不服输的劲，每每昼夜鏖战。虽然与难题的较量总是胜负参半，我还是能收获难以言表的愉悦。钻研探索使我在解题时经常可以发现一些巧妙的途径，在高三上半学期举行的理科前80名尖子生考试中，我名列第4。在没有受过竞赛训练的情况下，我在省级复赛中取得了物理二等奖，数学、化学三等奖的成绩。

努力学习的同时，我也十分注重综合素质的培养。读书、象棋、乒乓都是我爱好的活动，在学习的闲暇之余读书下棋总带给我不尽的悠然闲适。高一至今未曾与同学闹过矛盾，班里同学都愿意与我坐同桌，因为我讲题清晰明了，更因为我为人乐观幽默，待人真诚和善。

北大是我景仰的高校，是我梦寐以求的求学之地。通过姐姐对北大的描述，北大在我心目中的形象不断完整，她爱国进步民主科学的精神也愈发激起我的斗志，吸引我的步伐。如果能够进入北大，我一定会进一步加强对自己的要求，在理想的指引之下继续向前。在学习方面，我会继续努力，延续良好的学习习惯，探索真理孜孜不倦；在品德方面，我会继续加强自身修养，阅读中外名著，塑造良好的品格，继续做有爱心，有同情心，有上进心的人；在生活方面，我会积极参加社团活动，加强交际能力，为北大开放自由的学术氛围尽自己绵薄之力。

在追寻理想的道路上，我不曾懈怠。恳请各位老师能够接受我的申请，使我实现理想。

自荐人：马笑天

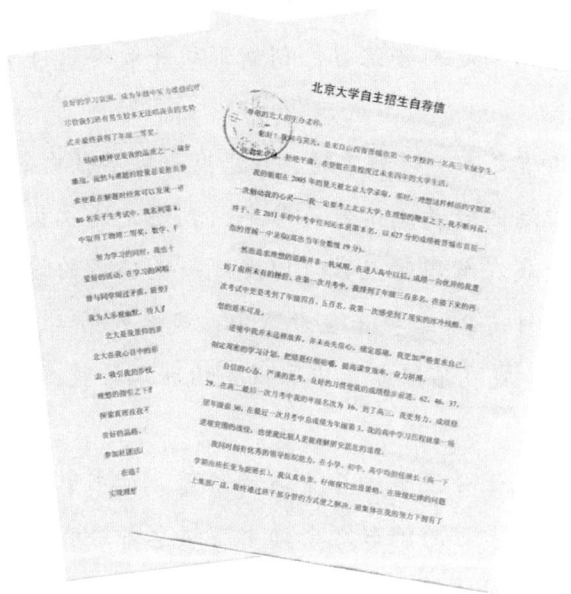

小二北大自荐信复印件

约半个月后，北大通过了小二的自荐，通知让他准备参加这次自主招生考试。小二很幸运，却只报了北大一个志愿。

晋城一中，自荐北大，只有小二一个人申报通过了。

过了春节，我们搭上了去太原的客车，这次由我陪同。

在省城，最后一场考试结束出来后，小二对我说！爸，考题还是很难，估计大家做不了多少，我做了好多。我算着我的分数差不多够了，加分的部分就没有做。要是做，时间还够。

我那时想说：傻孩子，又骄傲了，你再多做些多好！

不久考试结果出来，小二成绩是学校同类考生中的高分，但仍未达到北大自主招生分数线。

亦如他姐姐当年高二参加高考只差 2 分落榜一样，遗憾是有的，但我还是像当年劝慰菲菲一样劝慰小二，说：这没啥！全当是一场演习，你要放稳心态，不受影响，迎接高考。

这事发生在小二高三后半学期。

轻视、自满、骄傲是获得进步的最大障碍。

故事 39

把错误记下来——纠错本的功劳

孩子上了高中，希望在前，为了心目中的大学，也为了铺就今后人生的星光大道，一般都在学习上进入临界状态，思维活动也达到巅峰。这时，他们会从各自的实际情况出发，不断摸索出许多适合自己学习方法的小发明。这些方法形式多样，但有一个共同点：实际、实用，一切为了提高成绩这个终极目标。

我们菲菲、小二也都做出努力。

这就是他俩的"纠错本"。

那是个厚厚的大本子，一人一个，各自独创。

纠错本着重记录三方面内容：

①考试会做而因粗心或不够严谨而做错的题，这叫提醒注意类题；②考试遇到的难题，无法下手，不知从哪里用哪种方法求解而没做的题，这叫难解重点类题；③因没记下公式、定理而做不出的题，包括语文、英语要求必须记背而未记背或记背不全而造成答解不出的题，这叫记背类题。这三类题都要做出正确答案，有的还要用几种解题方法求证正确答案，有的真太难了，自己解不出来，就求征同学、请教老师，直至弄懂解出正确答案。然后将难题原题和正确答案，工工整整记录在纠错本中。三类题难易程度不同，分别由易到难用"○""△""×"三种符号在题前做出标示。作为以后复习用时，因有"符号标示"一眼就识别出是哪一类题及易难程度。做到有的放矢，先解决需尽快解决的题型。

每次把错题纠正记录记在纠错本上后，还要对此次考试错题进行梳理、归类、分析和小结，分析得失，找出症结，总结教训。把因果问题剖析清楚，形成简短精练的小结语，附在纠错内容之后，以示重视提醒。

此外，纠错本还有一个附属性内容，就是在平时上课和自习过程遇到了相对难度大，综合性强的，或某类型代表性极强的题型，同时存在多种解题方法的题，称为"难之题"，也会记录在纠错本中，以示多加注意和重视。但是这类题记录得其少其少。

这些错题和难题，是学习的脚印，有空就翻出来看看，或再做一遍。而每逢考试，那就一定把上次考后所有错题从头到尾仔细过一遍，做到心中有数，然后上场。

错误并不可怕，只要重视错误，寻出错因，纠正错误，记录在案，紧盯不放以防再错，这就是一种纠错的适用性方法。

这其实就是巩固。

人的记忆力是有限的。借助于机械性多次重复，不只加强理解，更会牢牢印在脑海，甚至一生不会忘记。

在菲菲、小二的纠错本上，除前面说的三种附号外，还点画着许多形状颜色不同的符号，这些符号只有菲菲、小二明白，外人不懂。猜测是分别标志着：1.还没有记牢的；2.还需反复加强的；3.重点之中的重点难题等。

纠错本分别陪伴着俩孩子度过了紧张的三年高中生活。

无疑是菲菲、小二的心中最爱，而永久珍藏。

每一次进步，都记录着纠错本的功劳。

故事 40

励志的力量——扬起希望的风帆

小二考到晋城时，当时沁水去的学生大多租了房，我们在学校附近为他租了两间民房，请亲戚做饭，照顾他的生活——这可是个特殊的优惠。

姐姐菲菲三年苦读，就一直住在集体宿舍。

在这里，小二复制沁水经验，把自己住的卧室，开辟成一个比家里更大更系统的学习室。一千多个日子，我们的小二就固守在这一方田地，精耕细作，浇水施肥，砥砺精神，刻苦钻研，滋润着高中生活的每一天。

小二的墙是记忆墙。

走进小二的屋子，扑入眼帘的是这左右两面墙上，密密麻麻贴着大大小小、形状各异，间或不同颜色的纸片。高处须站床上，低处伸手可及。这习惯很久了，日积月累，居然把整个房间装饰的如童话般神奇，琳琅满目，蔚为壮观。

每次走进这屋子，我都会在心里生出许多感慨。

我们的小二的确是在真用功，他是有一种志气的。

这些纸条，有的是习题，有的是备忘，有的是提醒，有的是安排，林林总总，叙述着孩子学习的艰辛、努力、进步。也在这里，我们小二精研细磨，提炼出他个性化的学习方法。

（1）每做习题、考试，出现失误那就不会放过，一定详加整理，做出总结，记录于纸条，以备不时参考。

（2）英语单词，每天定量背，一周小结，下周再逐天换新纸条。

（3）解题方法，一些重点难题的解题方法，也会记录在纸条上。

（4）整篇古诗文名篇如《长恨歌》《六国论》《阿房宫赋》等背记后默写到一二块大纸条上，贴墙上以备复习，一般一二周更新一篇。

（5）对每周课程、进度，做出规划，细密安排，录于纸片，张贴墙上，随时提醒。

（6）对每天作息时间，制表安排，精确到分——这表每周更换一次，周而复始，按部就班。

小二的墙是提醒墙。

一天要做的事，要学习的内容，按时间顺序列下来记录于纸条。

当天没有完成的任务，要用不同颜色的笔做出标记，以示重点解决事宜，定出时间，如期完成。

小二的墙是心得墙。

把一些好的学习方法，心得体会，认真记录于纸条。

好的方法要发扬，不妥的方法要摒弃。

经验教训都要有分析地总结，并将其收获和体会记于纸条。

小二的墙是励志墙。

更有一些纸片，说标语不准确，但又比纸条大许多，上面记的是伟人语录、名人格言、书院匾额、学堂楹联——每句深刻哲理、豪情壮志、振聋发聩、锤击心灵，张扬正气。更有的，是收集了中国最顶尖大学的校训：

自强不息，厚德载物——清华大学

勤奋、严谨、求实、创新——北京大学

允公允能、日新月异——南开大学

博学而笃志，切问而近思——复旦大学

诚朴雄伟，励学敦行——南京大学

实事求是——天津大学

一间屋，两堵墙，许多纸条，构筑起我们小二的精神世界。屋虽小，但天高地阔。

这是中国莘莘学子刻苦追求的一幅剪影。

也是小二这一代青年拼搏奋斗的图画。

正是在这里，我们的小二学业日有所进，精神饱满。

高二时一次考试，老师不慎判错题，额外给小二加了5分，这使小二很不安，当即找到老师，说明情况，要求改正。老师审查，果然错了，减掉5分，成绩自然下降。但结果已经公布，来不及收回，只好等待以后解决。

细微之处见精神。

　　这类错判加分减分，在学校并不鲜见。我们小二拒绝不当得利，其执着与动力，或许就来自那些小纸条。

　　俩孩子在高中阶段，可以说都以积极进取的心态、良好的学习成长状态走着一条适合自我的高中求学之路，如愿以偿地完成了高中学业。

　　马菲菲：女，1987 年生，2005 年以晋城一中高考理科第一名，考入北京大学，获理学、经济学双学士学位。4 年后，即 2009 年 9 月，推荐免费录取为北京大学硕士研究生，2011 年 6 月获得经济学硕士学位。

　　马笑天：男，1996 年生，2014 年，以晋城一中高考理科裸分第 4 名成绩，考入中国人民大学，获管理学、经济学双学士学位。4 年后，即 2018 年 9 月推荐免费录取为北京大学硕士研究生，攻读金融硕士学位，现在在读。

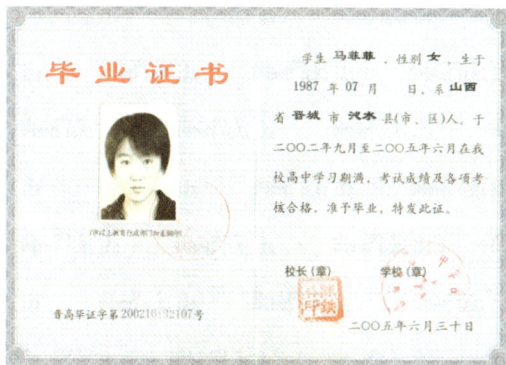

菲菲高中毕业证

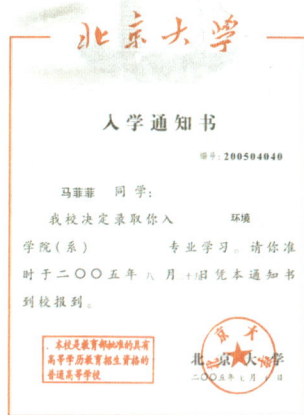

菲菲大学录取通知书

马菲菲、马笑天高中获奖证书

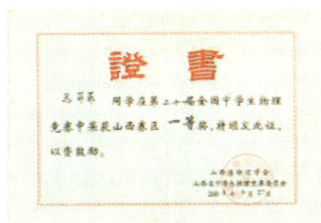

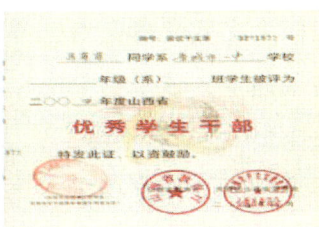

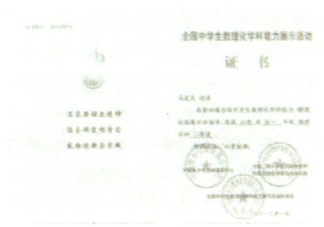

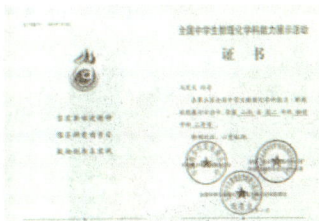

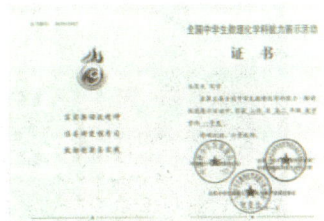

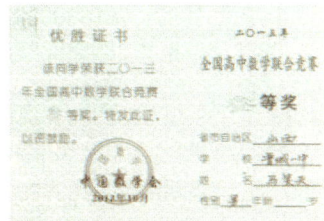

附录（四）：

孩子上了高中家长做什么

小学懂规矩、养习惯，初中夯基础、重态度。高中强能力、求进取。

孩子进入高中，在学业上，除了少数家长，我们大多数父母已对孩子爱莫能助，帮不上什么忙。因为在知识高度与层面上，孩子们都已大大超过父母，拿到孩子的数理化考卷，我们两眼抹黑，根本看不懂，也不会做。但作为家长，我们仍不能闲着，还须竭尽全力，帮着孩子走完基础教育的最后一段路程，向大学教育冲刺。

高中是能力的比拼。

能力与能量紧密相连。

这时我们家长能做的，更多是在后勤、营养保障方面以及有限的精神抚慰，为子女站好最后一班岗。

我家菲菲、小二相隔9年先后考入我市第一中学——晋城一中，

菲菲高中毕业前，住的公寓楼前留影

分别度过了紧张而又充满激烈竞争的 3 年高中拼搏生活。

我们目睹了孩子的艰辛。

也体会到孩子们的那种努力与煎熬。

3 年时间不算短，一路走来，我们做了许多，想了许多，也对高中教育、高中生活，积累了一些心得。现在写下来，一方面是想对高中学习成长这一特别时期做个小结；另一方面是我们夫妻对陪伴孩子上学 14 年生活的一种告慰。

（1）进入高中，很多学生及家长认为高中最重要是在高三，而对高一高二不怎么上心，因此不能陪孩子迅速进入高中学习和生活的状态。面对高中，有些人觉得轻松、没啥，还不就和初中一样学？有些人又觉得很紧张，不知怎样把握。这里，有个衔接问题，如何让孩子从初中状态顺利过渡到高中生活，的确需要家长动动脑筋。

初中和高中正是孩子的青春发育期。女孩子在初中发育得快，男孩子到了高中才是发育的成熟期。

在生理上，孩子的机体发育成熟，使他们意识到自己长大了，成熟了。这时候，父母就不能再按初中、小学的方法对待了，可放在成人层面上交流沟通。

在心理上，孩子已经认识到自己长大，会用成人的感觉对待自己，强烈要求自立自主，很多事情上会坚持自己想法，不一定听家长话。这时，我们一定不加干涉，要尊重孩子的选择。

在学习态度上，有的孩子还停留在初中状态，重主课轻副课，喜欢的好好学，不喜好的不好好学。对此，家长要尽快干预。使孩子很快进入高中状态，这样学习就比较主动。

在对待老师态度上，从对老师的依赖、亲近，转变为对老师信任和亲切。反而在对父母的态度上，不和谐的因素迅速增多，很多时候会产生对立、抵触。导致这种情况发生，是由于孩子自我发展和家长对孩子的认同有差异造成，不用紧张，多与孩子沟通就会解决。

（2）虽然都处在中学阶段，但初中和高中的学习状态是不同的。

初中是打基础的阶段，所学知识相对简单，一般不会产生困难。而且老师的教育方式，也是"保姆式"的，反复多次地教，知识点相对少；头脑灵活的孩子不用费很大力气就能掌握，也易记。

但上了高中，各科的知识点增加的相对多，课堂学习容量也大了，学习的内容开始系统化，学习的难度随之加大，同时对孩子学习能力的要求也逐渐提高、苛刻，学习方法的运用也提出了新的要求。

这个时候比较关键，家长要特别操心。

我们要敦促孩子改变一些初中时的学习习惯，否则知识点太多，来不及学会学懂。所以，从孩子进入高一，就要要求孩子对各门学科建立新的认识，从初中学习的习惯状态中彻底解脱出来。

高中生最主要的技能是学会主动学习、主动探索、主动和老师交流。高中生的学习技巧，主要是高度专注，提高听课效率。高中生要求方向感更明确，在老师和家长帮助下，认清自己的方向、树立明确的目标，为将来成才、立业奠定基础。

高中3年，可说是人生最重要的3年，也是关系孩子一辈子的大事。所以这3年，父母千万不能掉以轻心，不然有可能我们从幼儿园到初中的全部努力都白费。

那么，我们这时该怎么做？

（1）为孩子解决后顾之忧，创造好学习的物质条件，搞好后勤，不要让孩子在这些方面浪费时间和精力。

（2）切忌不给孩子施加无谓的压力。高中3年，孩子的压力已经非常大，如果家长整天还在孩子耳边啰啰唆唆，很可能让孩子崩溃、逆反，降低孩子的抗失败能力。

（3）要多和孩子沟通，多听孩子的想法，不轻易下结论，更不要随便指责孩子，对孩子充分信任。

（4）上了高中，整体情况大变，家长再不要像从前一样每次考试后都分析、指导、安慰，再不可像对小孩子那样温柔体贴，面面俱到，事无巨细地督促和要求。这会挫伤孩子自尊心，只能令孩子感到讨厌，甚至造成敌对情绪。每位做父母的都对孩子抱有很高期望，这是家长共同的心理，但如果处理不当，往往会走到反面。

进入高中，孩子已经有了自己的精神世界，有了自我活动范围，一句话，孩子在大踏步前进。这时，我们家长必须迅速转换角色，一切要顺应孩子的发展，充分尊重孩子，弱化家长格局，帮助孩子顺利跨越高中3年——这一个人一生最重要的时期。

陪孩子上高中，各家做法不一样，想法也不尽相同。我们家的经验可总结为一句话——避免犯八大错误：

第一错：过分关怀过度体贴

有段时间我感觉很困惑。学习状态一直不错的女儿，到了高三反倒有些松懈。进入高三，要向高考冲刺，我特别紧张，常常奔到晋城去看，有时到市里开会，那就更不会放过，一定去一中。见了面，几乎全是那一套，吃呀，喝呀，作业呀，听课呀，细心些呀，加把劲呀……把个菲菲搞得很不耐烦。

这就犯了错。

其实这些，父母只需要默默去做就够了，根本不可以唠叨个没完。高三期间，孩子学习压力本来就大，情绪容易波动，如果我们"过度关注"，会给孩子带来额外的负担。至于学习计划、作息时间等等，那是孩子自己操心、安排的事，如果家长连这也管得很紧，只会让孩子产生厌烦情绪，把事情搞糟。

孩子大了，要懂得放手，让他们自主，让他们独立。

第二错：时刻监督要求太严

曾在书上看到，一个高中男孩介绍他的情况时说：让我意想不到的是，上了高三就像进了监狱，再没有自由的时间，甚至看会儿电视都成了奢侈。每天只要我一进家门，还没来得及把书包放下，妈妈就发话了。"快，先洗手吃饭，吃完饭赶紧学习。"饭桌上，刚聊了几句当天学校的一些事情，爸爸就有点儿不耐烦了："说那些有什么用？学习好才是真格的，高考看的就是成绩，还剩最后不到一年的时间了，过这个村就没这个店了，以后你想努力，连机会都没有，别有事没事扯闲篇儿！抓紧时间学习！"本来，我暗自下定决心，高三这一年，我一定把所有的时间都用在学习上。可是，现在我不仅不能安心地学习，就连自己的心情也很难好起来。我常问自己：人究竟为什么活着？有时候好像感觉生活都失去了意义。

这个叫小亮的孩子说的情况很普遍，很典型。

这就是"过度控制"。我们家长常常爱包办一切，希望孩子把所有时间都用在学习上，不能有片刻放松。孩子必须按父母的要求时刻把心思放在学习上，甚至作息时间都要以学习为准则。这样专制程度的控制，往往会遭到孩子的强烈反抗。内向型孩子表面不跟父母发生冲突，但内心很压抑，发展严重会导致孩子出现抑郁状态；性格外向、火爆的孩子，可能会直接提出抗议，意见不合时，亲子大战就不可避免，结果往往是两败俱伤：父母伤心气恼，孩子拒绝或放弃学习。

所以，我们家长管理孩子一定要宽严有度，给孩子适当的自主权和自由空间，这对高中生来说是最有益的帮助。求知是人的重要精神需求，但生活中如果只剩下求知这一件事情，那求知就会失去它精神享受的意义，同时造成超限逆反。人的需求是多方面的，休闲娱乐、人际交往、求知审美等等，片面强调课本学习，只能走向我们希望的反面。

第三错：盲目指导乱开药方

还是书上，一个女孩说：上高三后，我第一次数学考试成绩有点下降，妈妈就急啦！她认为我的数学成了弱项，成绩下滑，于是，在我不知情情况下，她竟毅然给我报了一个数学补习班，每周去补习两次。然而这个补习班并不适合我，而且我也不认为自己数学需要补习，每次去上补习班，心里都挺痛苦。一个月下来，我的数学成绩并没见提高，相反却使我对数学渐渐地产生了反感。

就是乱开药方子。

作为家长，对自己孩子的各方面情况都要有一个客观的掌握，千万不能在高三关键阶段给孩子盲目指导、乱开"药方"。孩子的成绩只代表了一个阶段的学习情况，并不能完全预示其今后发展。也就是说，高三家长在指导孩子时，一定要讲求实际，对于有自主学习能力的孩子，要给他们更多自主学习的时间，不要以一时成绩的好坏来衡量孩子能力。更不可做出"牛不喝水强摁头"这种事情，结果给本来想在高三好好学习、重整旗鼓的孩子遭到当头一棒，于是孩子变得心灰意冷，甚至破罐子破摔。

第四错：不注意平衡我们自己

女儿上了高三，曾有一段我好像得了焦虑症，每天大部分心思，都牵挂在女儿身上。我所担心的，虽然菲菲学习还行，可以说比较优秀。但事物总有变数，不小心碰上个不确定因素干扰，很可能来个大滑坡，那么，此前所有的努力就会付诸东流。所以我不放心，半夜睡不着觉也是常有的事情，而且常有给孩子打电话的冲动，总想对她千嘱咐，万叮咛。

这是我们家长的一种通病，负担太重，导致心理失衡。

这时候，我们一要减压，想办法平衡自己心理。必须明白，家长压力大，其实孩子的压力更大。我们着急也罢，焦虑也罢，统通没有什么作用，只能是自己折磨自己。你想多与孩子说说，但只会加重孩子心理负担。所以，把伙食搞好，其他干脆不管，任由孩子自己去努力。与其我们横加干预，倒不如去做做瑜伽、打打球、散散步，看看电影，或找几个老朋友聊聊天，把我们自己调理好了，才是对孩子的真帮助。

我们有压力，千万不可在家里表露出来，尤其不能把这种焦虑情绪传染给孩子。家长一味关注孩子，每天看着孩子吃好了，睡着了，自己却吃不下，睡不着。试想：一个沉重的人，何以能给别人带来轻松？孩子不能轻松备考，大部分原因是由我们家长引起。家长要用自己的放松给孩子做出表率，这样孩子才会从容应考。

第五错：情绪不稳唠叨不休。

孩子进入高三，常会得些"疑难杂症"，特别是遭遇挫折，这几乎是一种常态。这时候，孩子最需要的是心平气和，从容冷静。可是呢，碰上个沉不住气的家长，就会围着孩子陀螺似的转，关心这，关心那，唠唠叨叨，喋喋不休。孩子不能指责父母，但心里是埋怨的，实在被麻烦到讨厌程度，就会拔足逃跑，冲出门去。事情弄成这样，就糟糕了！

那么，我们咋办呢？五个字：闭上你的嘴。

我们必须理解，孩子最需要的不是父母的语言，而是理解、关注、鼓励、支持，以自己的沉默其实是信任，给孩子传达一个信息：放心吧，孩子，无论任何时候、任何情况之下，你都是父母的最爱，父母永远相信，你能行。

所以，无论出现什么情况，家长都要尽量保持情绪稳定，不要婆婆妈妈，不要唠唠叨叨，不要给孩子心里添乱。

第六错：虚荣作祟盲目攀比

在我对高考考生压力来源的多次调研中，发现，考生真正的压力不是高考本身，而是来自不合理的比较，但孩子的攀比心理有些并非来自他们自身，而是来自家长。

家长的攀比心理比较复杂，既有物质层面，又有精神层面。抛开物质不谈，高三家长攀比的内容，主要集中在与孩子有关的学习成绩、学习状态、报考学校的名气、报考专业的受欢迎程度、孩子的特长、各方面能力、外界对孩子的赞美和羡慕，等等。

有的家长们习惯了拿别人孩子的长处与自己孩子的短处做比较，以为这样才能找到差距，激发动力，促使孩子快速进步。殊不知自己已经在家庭教育上犯了大忌。在某种意义上，家长的攀比与其说是为了激发孩子的学习动力，不如说是为了满足家长自己的虚荣心，维护自己的面子，在与别人家孩子的比较中争强好胜，寻求心理平衡。

攀比的结果是孩子难以承受、家长身心疲惫，既不能给予孩子积极的引导，还会让孩子处在较多负面情绪中，十分不利于备考。

所以，家长必须摒弃攀比心理！要把孩子视为独立的个体，而不是自己的私有财产，更不是为自己获取荣誉，实现价值的工具。要尊重孩子，承认孩子的个体差异，找到适合自己孩子的发展方向。要让自己更多地了解自己，如有怎样的性格特点、兴趣爱好、发展能力、身体条件，尊重其发展规律和人格，特别是了解孩子的需求。不要因为别人家的孩子优秀，就把自家孩子的发展方向、目标定位在与人家孩子保持一致，这是强加在自己孩子头上的。

盲目攀比、虚荣作祟是强加于孩子的极刑，会整个儿毁了孩子。其害之大，甚于其他。

轻轻松松，陪着孩子走过 3 年高中的成长之路。

第六章

思考与启示

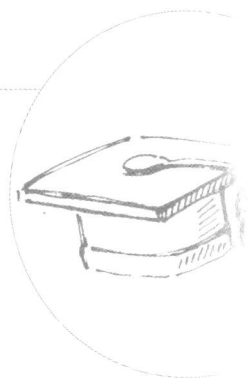

家庭教育的一些思考

在我们的家庭环境中，俩孩子逐步成长的过程期间，从幼儿到小学，再到初中、高中，一路走来，点点滴滴，既是经历，也是收获，反复思量，感触颇深，油然而产生了家庭教育的诸多思考。家庭教育是孩子成长不可缺失的特色教育，家庭是学校，家长是老师，是任何教育都无法替代的特殊教育。家庭教育并不是高高在上的说教、义正词严的指责和严厉苛刻的批评，更不是棍棒交加的野蛮粗暴；不是没完没了的作业催促，时常与别家孩子无情的比较，更不是把自己希望的延续完全寄托的沉重等等。家庭教育应该是一种无声的影响、温暖的提醒和温馨的陪伴，是平等尊重、交流互鉴、共同成长、相互成就的过程，应该是温暖的、温情的、也应该是温馨和有温度的。

家庭教育是指父母或者家中长辈及家庭成员对年轻一代或者家庭其他成员进行教育及影响，而且这种教育和影响有时是在有目的、有意识的前提下进行的，有时是在无目的、无意识的前提下进行的。

家庭教育的最突出特点是它的启蒙性。孩子所养成的性格习惯是与家庭息息相关的，家庭环境有时会影响孩子的一生。"三岁看一生"说的就是这个道理，家庭教育会对孩子的身心发展起到定势作用。父母与子女血浓于水的亲情，之间无时无刻的情感体验，注定了子女更会去信任父母，接受父母的建议和劝导，按照家长希望的方向发展。这也注定了父母就是孩子的第一任老师。家长的兴趣习惯，常常也决定了子女的行为举止，所以，在教育子女时，父母更是模范和表率，那种无声的感染力会对子女产生潜移默化的影响。

家庭环境的教育，对孩子的影响某种程度上可以说远比学校教育、社会教育更重要。相对于社会与学校教育而言，家庭教育更具有专一性。孩子出生、成长同父母接触的机会最多，相处的时间也最长，在父母面前更能毫无保留地表达个性，父母也能够全方位地"读懂"自己的孩子。这样，家庭教育才凸显出它自身独有的特色：实事求是，对症下药，有的放矢，因材施教，从而进行专一性的终身式教育。家庭教育因此体现出较强的灵活性与多变性。可以随时随地、无处不在，形式多样、不拘一格。但也存在一些随意的、零散的不当教育，以及一些家长未尽到责任和义务，对子女产生的一些负面影响。

1. 家庭教育的主要内容

我还是推崇山西社科院学习科学与家庭教育研究中心主任、家庭教育专家赵雨林老师在双赢教育理念、3A 效能理论提出的基础上，推导出 3M 家庭教育模型的成果。就是三道教育，即为生之道，为人之道，为学之道。

①"为生之道"：以生命健康为核心，由生理保健（健）、心理健康（乐）、安全适应（安）等三大方面组成。

②"为人之道"：以生命价值为核心，由生命角色（本）、人格人生（志）、处世修养（交）等三大方面组成。

③"为学之道"：以生命智慧为核心，由三大方面组成。即：学习品质、综合素养、自主专长。

这应该是家庭教育的主要内容，可以说是对家庭教育的开展提供了理论依据，家长可科学有序、清晰条理地对孩子开展相关教育活动。

2.如何实施家庭教育

家庭教育时，父母要把孩子当作平等的独立个体，尊重孩子的独立人格，与之平等、自由的沟通交流。要信任孩子，做孩子的典范，对孩子报以宽容之心，适时给孩子以浓浓的爱和鼓励。

家庭教育的实施分为两种：

一是无目的、无意识的影响。

良好的家庭环境。干净整洁、摆放有序、布置井井有条的家庭环境，会给人一种赏心悦目、心旷神怡的感觉，生活其中必然深受影响，大人小孩都会自觉成为干净、整洁、有序的维护者和践行者。我不抽烟、不喝酒、不打麻将，家中从未有过猜拳行令的喝酒声，哗哗啦啦的麻将声。这样相对给孩子读书、作业留有了清静的家庭空间。如果家中杂乱无章、乌烟瘴气或酒局、饭局、牌局不断，长此以往，可能带给孩子的只会是不良习气；孟母三迁就是为了给孩子寻找一个能够适合学习、成长的良好氛围，所谓"近朱者赤，近墨者黑"，可谓用心良苦。

和谐的父母关系。家庭中夫妻关系和谐融洽、互敬互爱，孩子则有安全感、有爱心、平和、温暖；而夫妻关系紧张、经常剑拔弩张、唇枪舌剑甚至上演全武行，身在其中的孩子则容易产生自卑心理，胆小、懦弱、恐惧，没有安全感，或者有性格暴躁、易怒，不易与人相处的倾向。有时父亲对母亲或者母亲对父亲的态度会直接投射到孩子身上，孩子们在成人、成家之后的家庭生活状况会直接受到影响，还有父母待人接物、与人交流交往方式也会潜移默化地对孩子产生影响，成为孩子学习和模仿的样板。

　　良好的家庭氛围。家庭中时刻充满着积极乐观、奋发向上的氛围，家庭成员之间相互关爱，相互谦让，关系和谐融洽，平等尊重，会让孩子正直善良，充满正能量，会友善待人，谦让随和有主见，讨人喜欢。良好的家庭氛围包括平等尊重、宽松自由。心理学研究发现，子女和父母在平等的环境中互相讨论、争辩，既是一种友爱磨合，也能帮助孩子树立信心，明辨是非，对其想象力和创造力都有绝佳帮助。因此，家庭中良好的氛围是既有平等对相对独立个体的尊重，又有长幼之分、严格规范的公序良德，严格又不失宽松，平等又不失尊重。

　　父母的个体影响。有人说：父母是原件、家庭是复印机、孩子就是复印件，或许可以准确地表述父母、家庭对一个孩子的影响有多大。家长的思想认识、信仰信念、性格脾气、行为语言、情绪态度、情感品格、追求习惯、生活方式、兴趣爱好、审美情趣等等都会对孩子产生影响，特别是孩子还没有完全形成判别能力时，父母的影响对于孩子来讲是非常大的。一些看似无所谓的行为，在孩子面前就会有意复制出来。我妻子上班或外出时，穿好衣着总要在镜子前转转看看，我女儿菲菲到幼儿中班时，上幼儿园走时，也总要到镜子前转一转。我是中青年男人偏分头式发型，每次梳头总要从偏左头顶部向右梳，然后在左、右、后脑向下梳。小二是小男孩短平发，也就是头顶部一般留1厘米左右长的平头短发，我梳头的方式根本不适合小二。可是，我看镜子梳头的动作，小二在上学时常模仿的一模一样，一看那样子我就忍不住要笑。实际上，这些无目的的、无意识的行为如影随形，点点滴滴、潜移默化地影响着孩子的成长，作用不可低估。儿童在模仿和学习父母行为的时候，可能已经把父母的心理状况也吸纳进去了。甚至包括价值观、道德观、是非观、人格特征、行为习惯等。所以，家长的一举一动，可能都会引起孩子的关注、重视。因为，父母是孩子面前的一个偶像、伙伴，或者说是孩子窥视复杂社会，直觉芸芸众生，观察万千世界，憧憬自己未来的一个观察窗、望远镜、显微镜，一个新信息与新观念的存储器。如果父母这个"首席执行官"不合格，孩子的成长便缺少必要的"精神钙质"。

由此可见，父母任何一方在孩子的成长过程中都是不可或缺，不能特别区分哪一个阶段，孩子最会受到哪一方的影响。

反之，"一个问题孩子背后总有一个问题家庭"，如一些单亲家庭中，男孩容易变得女性化，女孩容易依恋年长男性，或惧怕、不信任男性。这都是父亲或者母亲角色长期缺失对孩子造成的不良影响。

家庭成员之间关系不和谐及父母的不良行为往往给儿童一个模仿的恶劣榜样，使儿童的人格发展偏离常轨，导致人格障碍。

切忌一些无意识的言语态度伤害或影响孩子的成长，如冷嘲热讽式人身攻击。

孩子再单纯再愚笨也能分辨好话、坏话。带有人身攻击的"恶语"，一旦孩子听进心里，伤害很大。心理素质差的孩子很可能因此自暴自弃。如：家长避免说出任何含人身攻击的话，"你蠢得像头驴""你笨得像头猪一样"等。

儿童心理治疗专家发现，父母的"冷嘲热讽"对孩子尤其是幼童伤害很大。以孩子的年龄，很难理解父母话语中的隐藏含义，从而造成困惑。所以，无论是表扬还是批评，父母们都不要"冷嘲热讽""一语双关"，而是要尝试与孩子沟通，让其明明白白地知道自己的问题所在。

还要避免冷若冰霜式严厉教育。孩子都是渴望温暖、害怕孤单的。冷若冰霜的语言让孩子感受不到爱，孩子更感受不到来自父母的关心与爱护，容易引起自闭、孤独。如："你没看到我正忙着吗""我很忙，别烦我"这类话不要对孩子说。

二是有目的、有意识的教育或行为。

有目的、有意识的教育需要把握的原则：

①交流原则。良好的沟通是消除隔阂的最好方法，父母与孩子之间应当保留足够的时间进行交流，这样才能够更好地发挥孩子的情感力与认知力。

②自由原则。过于严格的管教孩子，不是一个明智的方法，反而适得其反。家长需要做的恰恰是相信孩子，给孩子一个任其适度发展的空间，让他感受到具有约束力的自由，更能发挥孩子的创造力。

③统一原则。家庭教育固然重要，但同时也要做到与社会、学校教育的统一，与法律法规、社会公德的统一。

④典范原则。家庭教育的特点在于启蒙性与感染性，这都要求家长在其中起到典范带头作用。如言出必行、重诺守信的家长一定会培养出诚实守信的孩子。

⑤宽容原则。人人都会犯错，大人都避免不了，何况是孩子。所以，作为家长要宽容地对待孩子的过错，帮其分析错误原因，避免再次犯错。知错就改，善莫大焉。以一颗宽容的心对待孩子，引领孩子走向正确的道路。

⑥鼓励原则。在孩子的教育中，提倡家长多多给予孩子鼓励，言语或者物质上的都可以。当孩子受到鼓舞后，往往会加倍努力，以更高的要求约束自己，但同时也要注意适度原则。

有目的、有意识的教育需要得体的行为：

①思想认识及价值观教育：思想教育。思想教育就其性质而言，是提高人们主观反映客观的认识能力和认识水平的教育，是认知性教育。家庭思想认识及价值观教育更侧重于对子女进行直观、朴素的教

育，只是初步的认知教育。

生活即教育，家庭生活便是子女早期思想教育的开端。生活中，做父母的要有意识地对孩子进行正确思想认识的引导和传递，可以结合电视、互联网以及自己的政治信念、思想观点、价值伦理和朴素情感直接教育和影响子女。要弘扬主旋律、发挥正能量，要将真善美的种子根植在子女心里。当子女的思想意识里有了倾善之情、向善之意以及正确的价值理念后，他们在思想感情上就会产生对祖国、对党和人民、对社会主义政治制度的共识和深厚感情，就会树立正确的人生观、价值观、世界观。

切忌教育方式的过分专制。父母年纪长，阅历深，本身就是长辈，很容易以一种权威、专家的态度教育孩子。父母如果经常用权威性的话语来规范小朋友，甚至对他的人身自由进行限制，那么小朋友便会长久感到恐慌，甚至越来越不自信，这都不利于他们心智的成长。除此以外，在家庭教育中，还容易出现限制孩子说话、挑剔孩子过失、以偏概全等常见问题。

②行为规范教育。家长首先要自觉规范自我的行为方式、言谈举止，要用自己积极乐观的生活态度和不断向上的进取意识，以及高尚的思想境界和人格魅力潜移默化地影响孩子的思想，进而左右他们的行为。其次，要主动对孩子的语言和行为进行规范，及时说教和纠正，并不断地监督孩子养成良好的行为习惯，这个过程要讲究方法，不可粗暴对待，抓住时机，要有耐心，保持冷静，和言善语与孩子沟通。女儿菲菲在幼儿园的一次逃课，当时我心里非常着急和不安，火气很大，但极力控制住自己，等了两天，心情平静下来，孩子也恢复了入学的天真与快乐，觉得时候到了，这才坐下来像大人一样与菲菲促膝谈心，列举例子，明白对错，很快她就认识到了逃课的错误，最后我

明明白白清清楚楚告知她：是错必须纠，是错以后就再不能发生。她当时就答应了，后来一直到高中再无发生逃课现象。特别是在孩子进入青少年时期，在这个过程中，行为规范，显得更为重要。当然，家庭微观环境以及作为思想先导的父母所提供、传递的信息对孩子行为也很有参考价值。

切忌教育方式的居高临下。父母总认为自己过的桥比孩子走的路还多，轻视自己的孩子，总认为自己的对，主宰孩子。这种"高高在上"的管教难以让孩子心悦诚服。特别是在批评孩子的错误时，家长这种居高临下的斥责，孩子心里感到不平等，难以平衡。"口服心不服"的结果只能是事倍功半。

③有目的教育引导。指为培养孩子某方面兴趣爱好或能力品质时所采取的有针对性、有指向性、有意图的教育引导。如为培养孩子阅读兴趣，一方面可以布置书柜书架或图书角的方式，增加家庭图书文化氛围，另一方面要用自己爱读书的方式引导孩子、要求孩子，并时不时地与孩子探讨读书之法、读书之要，同孩子共读一本书谈感受，用无声的示范引导与有声的要求规范，不断让孩子从中感受到乐趣，体会到真谛，不断培养出孩子爱读书的兴趣和会读书的能力。《三国演义》是四大名著之一，我曾读过原著，少儿版的《三国演义》从语言、从情节方面，虽有简略，但适宜儿童阅读，十分有趣。小二在四年级时，我给他推荐了这本书，读之前给他讲了一个诸葛亮《空城计》的故事，他就不让讲了，想自己看，并说看后要给我讲故事。约用了不足10天的课余时间，读完了，接下来的一周每晚睡前兴致勃勃地、绘声绘色地讲三国故事，讲了《草船借箭》《七擒孟获》《火烧赤壁》等十多个故事，讲后有时还不停地念叨几遍，"真是名著呀，太好看了！"兴趣是读书的动力，一定要有目的地引导、激发孩子读书的兴趣，

这是非常重要的。

对孩子要避免言过其实和绝对否定。随着孩子年龄增长，他们的理解力也会提高，知道父母话语中的真假对错，有其判断力。这个时候，作为父母，更要留心言语中的真实性。"言过其实""表里不一"的话很容易传染给孩子，影响其今后发展。对于赞赏孩子的话，应当根据实际的情况进行。过分地夸大其词会让孩子在以后的社会生活中更容易遭受挫折，不习惯听取批评的话。

另外，凡事都要有度，批评教育也是如此。诚然，孩子犯错，理应批评，但如果家长把话说"绝"，反而容易激起孩子的逆反心理，使孩子丧失信心。孩子的自信力很重要，一旦丧失，影响其一生。如："你从来就没有让我省心过""你就不是学习的料""你从来没有好好吃过一顿饭""你总是撒谎"等。

④责任教育。作为家庭成员，每人都有自己的责任和义务，分工也各有不同，随着年龄的增长，责任和义务也会有所调整和改变，要随着孩子的年龄增长，不断地从力所能及、到自己的事情自己做、再到承担一定的家庭事务方面对孩子进行要求。比如小的时候要求孩子自己收拾书桌、上学自己背包、自己洗脸、自己吃饭等，大一点则要求他自己收拾卧室、洗自己的袜子，更大一点可以做到自己的事情自己做时，要让孩子承担一定的家庭事务或为其他家庭成员做些事情。

我女儿菲菲在小学三四五年级暑假期间，一般不午休，总是静静地在家玩耍、写字或看书。那几年我时常下午开会或下乡调研，中午还有午休的习惯，平常午睡有闹钟，一到暑假，午睡叫醒的任务就交给了菲菲，叫醒的时间因公务而定，有时一点半，有时两点，有时两点半，到时菲菲总会准时叫醒。三个暑假记不得多少次，她没有失误一次。对大人而言是信任孩子的，对孩子而言是有责任的。小学高年级时，可让孩子定期干点家务、拖地洗碗或擦桌给客人倒水等等，再大些时候，还可以就家庭一些事情征求孩子的意见或建议，让孩子提出自己处理事务的观点和看法等。这样不仅可以让孩子体会大人的不容易，懂得感恩，还会让孩子建立责任意识，知道接受也懂得付出，学会主动承担责任，做一个有责任心、有爱心、有担当、会付出的人。绝不要大包大揽，将一切家庭事务与孩子完全割裂开来，有些家长告诫孩子你的任务就是学习，其他一切都与你无关，衣来伸手、饭来张口，这样的孩子要不长大就是高分低能，就是寄生虫，父母的全部心血都会当作是理所应当，稍有不满足就会怨天尤人，失去了依靠就不知道怎么生活，自私自利、没有责任心、没有感恩心，走上靠老啃老怨老甚至弑老的邪路。

家庭教育要避免过度保护、过分溺爱。在中国，对子女过分宠爱是很多父母的通病，无论孩子有什么要求，家长都会无条件满足。长此以往，小朋友无法抵抗挫折，容易形成孤僻、自私等性格缺点。心理专家建议，父母在教小朋友时，一定要尊重他们的个性，既不能爱得"过火"，也不能冰冷相待。父母不可以任何事情都顺从孩子，代替其完成任务，而不让孩子自己尝试，其实，孩子的自我尝试反而是一种能力的锻炼。

家长如果过于重视满足孩子表面需求，很容易忽视其心理需要。比如：玩耍是每一个孩子与生俱来的天性，跑跑闹闹中难免受伤，此时，父母如果因为怕孩子受伤而阻止其跑动、玩耍，反而会适得其反，造成孩子体弱多病，同样心智发展也会受影响。所以，家长不能过度保护、干预孩子的正常生活。

⑤目标教育。不同的成长时期为孩子树立一个跳起来可以够得着的目标，并督促孩子通过努力一步步实现。如小学时期读多少本书，

每学期读多少本，读哪些内容，同孩子一一制定并督促孩子每天坚持，持之以恒，聚沙成塔、积少成多。如对孩子的守时教育，早晨准时起床对孩子来讲都是一件困难的事，但家长应该做到准时唤醒，告诉孩子你起与不起和迟到与早到以及迟到后如何面对老师，那就是你自己的事了，所以你自己做主，自己面对，也自己承担后果，这样孩子可能会赖一次或两次床，但不会一直赖床叫不起，从而学会了守时、责任、担当。

目标教育要切忌目标过远过大、揠苗助长。孩子心智成熟自有其规律，需要一定时间。而如今，很多家长担心孩子输在起跑线上，不是这个培训班就是那个培训班，不考虑孩子的实际能力和兴趣爱好，过犹不及。拼命强迫孩子提早学走路、学写字……甚至超过了孩子的接受能力。长此以往，对孩子的身心发展也是不利的。什么年龄该做什么事，父母应该有效率地引导孩子，征求孩子意见，而不是自作主张。还要适时寻找亮点，适当进行奖惩。教育孩子，不能以成绩论。对于孩子而言，更重要的是学会勤劳、善良、自强不息。所以，即使孩子学习成绩不好，也不能否定其其余方面的优点。孩子犯错，家长不小惩大诫，容易让孩子觉得这个错误没关系，再一次遇到同样的错误，还可能再犯。所以，家长要有一定的威严，提前制订好惩罚措施。对于孩子的教育，奖惩要分明、有据。但奖惩都要适可而止，否定过多和责备过多，很容易让孩子逆反。

⑥努力营造良好的家风。所谓家风是指家庭的风尚、风气和风范，指一个家庭在家长或主要家庭成员影响下形成的传统习惯和生活作风等。家风是社会道德在家庭中的反映，一个家庭的家风如何，直接关系到家庭成员的生活习惯、文化素质、道德素质等，具有良好家风的家庭应该具有热爱生命、热爱生活、勤奋好学、道德高尚、身心健康、

团结和谐、蓬勃向上的家庭氛围。每一位家庭成员都应具有高尚的道德情操、健康积极的生活习惯、尊老爱幼的优良作风。家庭成员之间相互理解、相互信任、相互关心，对每一位家庭成员的生活、学习和工作都是一种促进。

良好的家庭教育呵护孩子的心灵世界、铺就孩子成长的康庄大道。随着孩子年龄的增长，世界观价值观也在不断地完善。孩子会从父母为其建造的象牙塔里走出来，接触外面更加纷繁的世界。社会中的真善美与假恶丑也将给孩子带来更加直观的感受。孩子心智不成熟，家庭教育尤为重要。对于不可避免的社会丑陋现象，家长要给予及时的指导，不能一味地逃避，要提高孩子的鉴别能力，同时也要随时注意自己的言行举止，树立榜样。古语有云："身修而后家齐，家齐而后国治，国治而后天下平"，充分证明只有家庭好了，国家才会更加繁荣昌盛。

以上这些，是我对家庭教育的一些思考，也是我在家庭教育实践和教育理论学习以及工作经历和社会活动过程中，涉及家庭、学校、社会、教育、孩子成长等等现象和问题中，自己有意识地思索、反思、甄别而集结成的心得和体会，同时借鉴教育专家、学者研究理论和有识之士家庭教育的成功经验，作为思考导向和基础的。其所意指，是对重视家庭教育并促使良好家庭教育实现的渴求和期冀。

孩子成长的一些启示

要写的启示，其实也是我的一种有感而发，是我目睹俩孩子从幼儿园到高中成长过程中所见所闻的亲身体验，是启发、开导和领悟。孩子的成长有其规律性，有明显的心理生理成长特征，识其特性，顺应规律，助其成长，才是最佳选择。当然，孩子也应该自然地做到，发挥能力、增长知识，扬长避短地发展好自我。孩子的成长带给我们许多的东西：快乐、进步、收获；忧愁、挫折、失败。像鲜花，五彩缤纷；像调味品，酸甜苦辣；像彩虹，色彩斑斓，给我们带来了种种启示。与此同时，也激发了我对有关孩子成长教育理论学习的兴趣，也促使了我对有关名人志士成长过程中独到之处的学习和借鉴的主动性。学习了理论，借鉴了好的做法，受益匪浅，甚有收获，得到了种种启示。

1. 兴趣是促使孩子行为的始动力。

常言道：兴趣是最好的老师，也是求知的主要动力。

对于一个孩子来说，他一旦对某一事物产生特别的兴趣，他就会很快行动起来，认识其属性，掌握其规律，这时候就是引导教育的最佳时机，如教育引导适当，可能会达到最终目的方可停止。我家小二在幼儿园时，对魔方产生了兴趣，一玩就是十多年，直至复原了魔方的六面，才有所松手。

同样，如果一个 3 岁的孩子可能对 1 条鱼产生极大的兴趣，那么这个时候，围绕这条鱼就能牵引出很多知识。

为什么它在水里不会沉下去？因为它的身体里有一个"气球"——鱼鳔。

为什么它游动时会不停地摆动身体？因为它在利用身体的摆动来推动周围的水，从而获得足够的前进动力。

再比如，一个7岁的孩子可能对一本有插图的书籍产生兴趣，但是他又不认识那么多字，所以阅读起来比较困难。

那么我们就可以先把这本书的内容大概地讲给他听，然后鼓励他自主阅读，如果遇到了不认识的字，就可以随时问父母。

他也许并不能马上就记住这么多字，但是肯定会给他留下深刻的影响。

教育家斯宾塞先生曾经设计过一种类似于"半本书"的教具，来引导小斯宾塞读书。

这个"教具"是只把一本书的前半部分读给孩子听，至于书的后半部分，就不给他读，而是教会孩子一些词汇，鼓励他继续读下去。

由于前半部分的内容已经勾起了他的兴趣，所以他希望尽快知道后半部分的内容。

为此，他就必须努力学习更多词汇，以便看懂书上的内容。

在这种激励方式下，小斯宾塞学习的词汇数量，比平日里普通的学习掌握的还要多，而且记忆得更牢固。

我家俩孩子在小学低年级开始读书时，先要选择性地把书中有趣的、适合小孩听的故事讲几个，然后再让他们读原书，这样他们就会对这本书产生兴趣，很快将书读完。培养了兴趣，收获了知识。

这就是兴趣的作用，它总能带给孩子快乐。

因此，我们在教给孩子某方面的知识时，一定先让他对所学的知识产生兴趣，激发他想要学习知识的意愿，接下来的教育工作就容易得多，而他也会取得更多的收获。

也就是说，兴趣是学习和求知的初始动力，也是最大动力。这是一条古老而充满智慧的法则，能引导人们更快地获取知识。

另外，积极、良好、恰如其分的诱导也是不可忽视的一种教育和培养孩子的好方法，诱导能让兴趣得到更好的发展。

兴趣是孩子对事物的主动选择，而诱导则是促使和加强这种主动性，会让兴趣变得持久且目的明确。

当一个孩子在语言、数学、逻辑、空间或动觉等方面表现出潜能的时候，他就经常在这些方面表现出浓厚的兴趣。

虽然孩子的这种兴趣经常受到好动、注意力转移等因素的影响而不能保持很长时间，但是这种自然形成的兴趣却是不会轻易改变的。

除非孩子的这种兴趣来自父母、老师等外部环境的强加或压制。

父母虽然有强烈的愿望想要教育好、培养好孩子，但是却常常指责孩子，说他的兴趣是没有用的。

父母会按照社会或学校的一些既定模式，擅自设计孩子的未来，并企图将孩子的兴趣与这些模式联系起来，甚至按照自己的认知，强硬地把一些自认为对孩子"没有用"的兴趣直接剔除掉，把另一些自认为对孩子"有用"的兴趣保留下来。

而事实上，对孩子的心智发展来说，很难用"有用"或"没用"来区分他们的兴趣，除了一些已经明显表现出有违社会伦理和道德的兴趣之外，每一种兴趣对他而言都是有价值的。

因此，每一位明智的父母都不应该以自己的认知作为判断的唯一标准，而是应该利用孩子的这些兴趣，把他领进各类知识的殿堂，帮助他养成求知的好习惯。

所以，我认可一种观点，就是家庭教育一定要顺其自然而不放任自流。顺其自然就是根据孩子的自然而然的兴趣爱好，不勉强，特别是孩子小的时候，要从多方面进行尝试，激发孩子兴趣爱好，并顺其自然地为孩子的个性发展提供一种可能，而不是根据自己的主观臆断，抱着一种从众的心理把一些培训班强加给孩子，如果是孩子喜欢的当然无可厚非，但如果不是孩子喜欢的不仅劳民伤财，还容易磨灭孩子的天性，给孩子未来发展留下创伤和阴影。不放任自流则是针对顺其自然而言的，每一种方式都要把握一种尺度，否则过犹不及。如果顺其自然了就随着孩子的性子来，孩子想怎样就让他怎样，三天打鱼两天晒网，不加以引导，不管不顾，任其野蛮生长，势必会旁逸斜出适得其反。

良好的发展从培养兴趣开始。

兴趣是促使发展的初始动力。

2. 自觉性和主动性是促使孩子行为的内动力。

孩子向好的方向发展，那就需要有向好方向发展的自觉性和主动性，这是大人所企盼的。如何做到呢？孩子的成长，还有理论学习，给予了启示。

一是培养孩子的自觉性和主动性应该注意 4 个方面：

①要注意保护孩子的自尊心。孩子正处于自我认识的关键阶段，假如在这一时期孩子的自尊心得到了很好的保护，那么孩子在未来的生活中就会习得自律，从而形成一个自觉的良性循环。倘若我们的家长总是对孩子唠叨批评，就会剥夺孩子自我内疚自我反省的机会，孩子可能会为了保护自尊心跟家长顶嘴或找借口。

所以批评孩子时要就事论事，不要总是翻旧账，批评孩子也要分场合，不要在很多人的面前，以免给孩子的心里留下阴影。只有这样，孩子的自尊心才会得以保护。要承认困难，更要持之以恒。不怕慢，就怕站。对于孩子自觉性的培养，应该像春雨一样，"随风潜入夜，润物细无声。"

②要引导孩子今日事今日毕。要想让孩子学习有自觉性，要引导孩子今日事今日完成的习惯。我俩孩子在小学时周六上午做语文作业，周日上午做数学作业，前后俩孩分别坚持了 5 年，没有动摇，成了俩孩子的自觉行动。这是个刚性的规定，也就是说"必须"，不留商量的余地，对于老师的作业和预习都要规定在某日某时段完成，这样，孩子就会如期完成。还有，须在放学后的第一时间里把作业先完成，接下来才会做其他事情，慢慢地就不用父母再每天唠叨孩子的作业了，因为孩子学习的自觉性提高了，学习的效率也会上升。

③要学会持之以恒。要想让孩子提高学习的自觉性，父母就得教会孩子持之以恒的精神品质，学习是孩子十几年的事情，更多的是孩子一辈子的事情，如果没有持之以恒的精神品质，孩子的学习自觉性再高，总是如同无源之水一样，说不定哪天就会断流，要想让孩子有持续的学习自觉性，父母就要在持之以恒上给孩子以引导。也只有这样，才能让孩子在学习中遇到挫折时能渡过难关，始终保持高度的学习自觉性。

一定要避免急功近利的心理，比如跟孩子说，你做到某某事，就给你什么奖励。当时孩子肯定会答应，也可能能做到，可是下次同样的事情也许又做不到。所以物质奖励不是万能的，特别是在孩子的教育方面。不能着急，更不能轻易放弃，作为家长要认识到自觉性的培养不是一朝一夕能完成的。

④要授之以渔，引导孩子一些方法，而不是教会孩子几道题，或者给孩子留几道题以增加孩子的学习时间，方法比做题更重要，不要怕孩子这个题不会做，一个人从上学到毕业，不会做的题有很多，不可能每个题都会，太计较这个的父母一定会给孩子造成学习上的压力，给孩子一些方法也是重要的。我家小二，当要求背语文名篇课文全文时，开始觉得非常吃力，后来，引导孩子一段一段背记，背完一段再背下一段，然后全篇内容连起来背。这个方法，使他背得轻松了。也要让孩子自己去解决他学习中的弱项，因为只有孩子才是最知道他哪个地方还有待提高的。

二是怎样提高孩子的学习自觉性和主动性

不要在学习上给孩子太多的压力，特别是心理负担，孩子的天性要小心维护，但也要有所控制，做到游刃有余。让孩子放松心情，这是培养孩子学习积极性主动性的前提铺垫。

培养孩子学习的兴趣，让孩子在学习的过程中尝到学习的甜头，这样让孩子感觉出自己努力取得成功的滋味，树立孩子学习的自信心和成就感，进一步地刺激孩子对成功的追求和求知欲望。

及时鼓励和表扬，这是最主要的途径，但也要有度，不能让孩子养成依赖表扬学习的惯性。但是也不要忽略批评的作用，适时地给予批评有时候也会让孩子进一步加深对学习的领会，增强记忆。

创造环境，家长一定要给孩子创造一个良好的学习环境，太吵太乱的环境是不利于孩子学习的。我家在孩子学习时，不开电视、不放音响、不大声吵闹，这形成了规矩，从未破坏。同时注重榜样的力量，可以给孩子树立榜样，让孩子有参照物，更能激发孩子的奋斗精神，所以环境也是不可或缺的环节。

控制节奏，循序渐进。孩子的定力和天性家长一定考虑进去，不能一味地学习，把握好学习的进度与时间，防止孩子出现腻烦情绪，不利于孩子学习习惯的培养，所以家长一定要适当给予孩子一定的自由空间。我家的涂鸦墙，也含有俩孩子腻烦发泄自由空间的成分。

3. 正确的方向和目标是促使孩子行为的牵引力。

孩子确立正确的发展方向和目标，树立良好的学习观和发展观，就会把路走正走直，朝着既定的方向和目标，一路前行，追求实现自己的目标。

人无远虑必有近忧。我们都要清楚，孩子的学习需要有目标，没有目标的学习，就像一个人在黑夜中摸索，没有终点和方向。失去了方向的学习，孩子就很难有积极性和主动性，更不会为寻找最适合的学习途径而努力了。确立目标有助于明确任务、有的放矢，就会有一种前行的吸引力，学习就会有动力、努力就会有方向，不至于学成啥是啥、哪黑哪住店。确立目标和方向要切忌好高骛远、不切实际，太高了让人望而生畏、丧失信心和勇气，孩子会觉得遥不可及就会干脆放弃；也不能太低，太低了孩子不用努力就做到了，就达不到激发孩子潜能的作用了，要确保跳起来能够摘到桃子，让孩子觉得有一种前行的吸引力，一直保持信心和动力。要有远的方向，还要有近的目标。小二在小学三年级时，每学期读3本课外书，而到五年级后半学期，只读1本课外书，这就是较远的目标，并结合了孩子不同学期学业任务的轻重而确定。菲菲初中时与同学结伴，在同学家长的带领下，春游了一次，走之前与她商定了一个小任务，春游结束要写篇小游记，虽然是第一次，但要争取写好！回来后，用了两天时间写了篇小散文《西峡行》，并在《沁水报》发表了。一事一目标，或一个短时段内确立的目标，这就是近目标。远近目标都要结合实际，切实可行，并通过努力应该是能够做到的。确定

④ 2000年5月15日

西峡行

沁水中学 马菲菲

5月1日下午，我们县百名小记者采访团来到了历山风景区主要景点——西峡。

我们迎着溪流，顺着山势。走在蜿蜒曲折的羊肠石径上。路旁一些可爱憨厚的黄牛，安闲地在溪边嚼着草，有的则懒洋洋地躺在地上闭目养神，偶尔"仰天长叹"一声，也显得那么有种味；几座欧式别墅则另有一番情趣……

我们继续走着，脚下是由松针铺成的厚厚的"地毯"，还散发着阵阵淡淡的清香。路旁那些陡峻、坚硬的岩石耸立着，仿佛在无声地讲述着一个个古老的故事，又仿佛在期待着什么，沉思着什么。我被这具有鬼斧神工之妙的山石吸引住了，那"秦妃长眠石棺"，那好似匠心独运的"一线天"，那正在凶猛咆哮的"虎啸西峡"，……无不引起人们的无限遐思。

溪流时而宽，时而窄，溪声也不停地变换调子。在静静的山间蜿蜒流动的小溪充满着柔情，好似天女身上的绿色飘带。溪水很清，清得像少女纯净的眼睛，流水碧沉，沉得像一叠厚厚的玻璃，连溪底的游鱼和碎石也历历可数。"哗"，一翻小石子投进小溪里，翻起一层层绿色涟漪，向四周荡开去，像姑娘们穿着的绿裙衣裳。

四周都是山，目光远眺，远处还是山。青山隐隐，隐在一层淡灰的烟岚和雨雾之间。那些山高峰突兀，雄伟挺拔，密叶团团拥簇，生机勃勃。疏叶苍翠微斜，随风摇曳。山，不愧雄浑秀美，一种阳刚之气，一股阴柔之美。

奇石、柔水、秀山，夕阳西下，游人留连忘返。

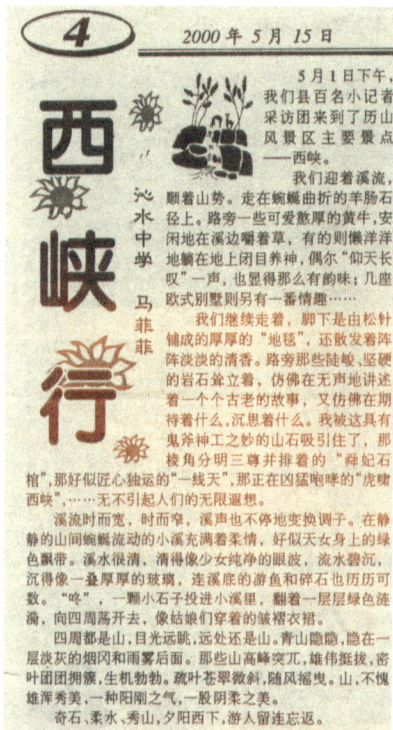

菲菲游西峡后发表的文章

目标后对于家长来讲并不是万事大吉，每日的督促和鼓励显得尤为重要，只有家长上心、孩子才会用心。

那我们家长应该如何帮孩子制定合适的学习目标呢？

①明确现状。帮孩子制定学习目标，家长首先要详细分析孩子的学习特点，是善于记忆，还是遗忘太快；是做题认真细致，还是经常粗心大意；弱点在哪里，长项又有哪些；哪些学科掌握得较好，哪些学科还有进步的空间。然后再和孩子分析目前在班里的位置，自己的各科各有多大的发展潜力。让孩子明确自己的学习现状，知道可以在哪些方面取得进步，又应该在哪些方面进一步努力。我俩孩子进入初三，特别是上到高中后，重点是补差科，每次考完，把考得相对于其他学科最差的那一科确定为差科，确定为补课重点。因差科提分空间相对大，向前挤名次的空间也相对大。因此，每次补差科到下次考试，总会有所进步，单科排名都会向前进名次。

②尊重孩子。让孩子明确了学习现状后，家长要与孩子交流，耐心倾听孩子自己的想法，了解孩子心目中的努力方向是什么。因为学习目标是给孩子定的，目标定好之后也需要孩子来具体实施，所以要充分尊重孩子自己的意愿，启发孩子自己确立学习目标，尽量不要越俎代庖，这样才能激发孩子学习的自觉性和主动性。

③切实可行。了解孩子的真实想法后，家长就可以和孩子一起制定学习目标了。制定目标时要注意：一是要充分考虑孩子的基础和能力，必须从孩子的实际水平出发，让孩子跳一跳就能摘到桃子，激发起孩子的内在潜能，切实可行。二是目标要明确，要求要具体，操作性要强。如让孩子某一学科进步多少名次，每天记忆几个单词，作业出错率控制在什么范围内等，以便于家长和孩子对照检查目标落实情况。

④分解目标。在帮孩子制定学习目标时，要善于指导孩子把大目标分解为多个易于达到的小目标，让孩子脚踏实地向前迈进。如孩子做题太粗心，不要要求孩子一次就改好，而是先让孩子达到一个小目标，每次错题不超过三道（具体数字根据孩子的实际情况确定），孩子达到这个小目标后，再要求孩子每次错题不超过两道，以此类推。把目标分解开来化整为零，变成一个个容易实现的小目标，然后将其各个击破。这样，孩子每前进一小步，达到一个小目标，就会体验到"成功的感觉"，而这种"感觉"会强化他的自信心，推动他稳步挖掘潜能去达到下一个目标。孩子在实现一个个小目标的过程中，始终感到成功离他很近，做事就不会半途而废，就更容易实现最终的大目标了。

⑤及时鼓励。当孩子通过自己的努力，达到一个小目标时，家长要及时鼓励、表扬。让孩子知道，自己一个个的小成功，一点点的小进步，父母都看在眼里，记在心里，为他的成长进步高兴和自豪。孩子在父母的这份亲情的关爱中，会感到在自己学习的道路上并不孤单，父母会一直陪伴着自己，孩子会更容易获得继续前进的勇气、信心和动力，感受到学习的快乐和喜悦。

⑥坚持到底。帮孩子制订好学习目标后，家长不能认为自己的任务已经完成了，目标的落实是孩子自己的事情，这种观念是非常不利

于孩子目标的达成的。孩子毕竟是孩子，即使是已经上了高中，也不要期望孩子能自觉遵守约定。所以，在每个学期中，父母对孩子学习目标的督促、检查是非常必要的。如果发现孩子思想上、行动上有些懈怠，家长要及时提醒，鼓励孩子不可半途而废，只有坚持到底，目标才会顺利达成。

孩子的成长进步是需要我们耐心等待的，不要期望孩子能一口吃个胖子，知识的积累是需要一个过程的。相信在父母的耐心帮助下，无论孩子现在的学习情况如何，只要制订出适当的学习目标，让孩子自己跟自己的昨天相比较，一天天地进步，一点点地超越，就会有成功的一天的。

4. 思考和解决问题是提高孩子思辨力和研判力的重要手段。

一是不直接告诉孩子问题的答案。孩子年龄小时遇到疑难问题，总是希望得到父母的帮助，这时父母一定不要助长孩子的这种习惯，为保持父母良好的形象，当时就给孩子一个直接或确定的答案，这样时间一长，孩子会对父母产生依赖心理，不自己动脑思考，也就难以养成独立思考的习惯了，这对提高孩子的智力水平和思考能力都没有好处的。

对待孩子做作业的问题时，不要轻易告诉答案，我家俩孩子在小学时，遇到数学难题总想求助于我，而我会认真地看题，并认真地回答"这题真难，做不出来！"孩子呢，性子急，冷静思考一会，就找出了解题方法，做出了答案。类似的事，回忆起来小学阶段常有发生。教给孩子解决问题的方法，让孩子从中学会独立思考。在孩子寻找答案的过程中，既锻炼了自己的思考能力，也积累了经验，当找到解决问题的方法时，会充满成就感，思维能力也相应得到提高，这应该说是上策。

如果孩子无法独立解决问题，父母可以示范，通过查阅资料、引导孩子思考，或与孩子共同反复学习思考，培养孩子思考问题的能力。

二是主动提出问题和孩子一起讨论。问题是思考的起点。孩子小时候，脑子里会有很多问题，当孩子向父母提出问题时，切不可表现出不耐烦或粗暴地训斥，这会打消孩子的积极性，关闭孩子与父母沟通的大门。父母要和孩子一起讨论，耐心向孩子解释，积极地帮孩子解决问题，孩子的思维才会更活跃，才会提出更多问题。

父母也可以经常给孩子提出一些问题，让孩子学会主动思考，激发孩子的兴趣，让孩子的大脑经常处于活跃状态，鼓励孩子勇于打破常规，从新颖的角度思考问题，孩子会为了找到答案不断分析、思考，久而久之，通过这种方式可以锻炼孩子的思维能力。

三是鼓励孩子发表自己的意见。父母要给孩子创设民主和谐的家庭氛围，不要固守自己的权威，敢于承认自己的不足，才会激发孩子的思维，才会有活跃的思维，才敢于发表自己的意见。在威严、压抑的环境中成长的孩子，不容易有自己的意见和看法，思想会受到父母的左右，只会盲从附和父母的意见，这样只会影响孩子思考能力的发展。

父母要勇于鼓励孩子有自主的见解。孩子有新奇的想法，父母不要否定，要允许标新立异。有孩子发表意见时，即使是错误的，也要让孩子说完，然后给予适当的指导。对于孩子正确的意见，父母应该积极肯定和表扬，增加孩子主动表达的自信心。

孩子发表自己的意见时，会调动自己的思维能力，用合适的方法将自己的想法告诉他人，这是孩子独立思考能力的重要体现，因为孩子要对自己的问题和表达方法进行了缜密的思考。

四是和孩子玩益智类游戏。我是俩孩子最要好的棋友，特别是小二，父子俩对弈了近20年，直至今日，父子相遇总要对局两把，共同交流，相互切磋，不分你我，真是棋逢对手，其乐无穷。陶行知说：生活即教育。生活中，孩子一般都喜欢游戏，如果父母在游戏中注入益智因素，就可以促进孩子的思维和智力的发展。父母经常和孩子玩一些益智类游戏，既能沟通亲子感情，又可促进孩子思考能力的发展。如讲一些益智类故事、玩猜谜游戏、一起垒积木、用扑克牌做数字游戏、玩象棋、围棋等，游戏中鼓励孩子多动手、动口、动脑，教孩子学会思考，运用推理、比较、概括的方法，不断促进和训练孩子的思维。

5. 认识自我是促使孩子行为的自信力。

父母应该引导孩子正确地认识自我，让孩子建立起良好的自我意识：

①引导孩子认识现实中的"我"。

父母可以通过一些比较，让孩子对现实中的自己有一个准确的认识。比如父母可以用日记、摄影、录像等方式记下孩子的成长过程，让孩子与过去的"我"比较，从而认识到"我"是否有所进步；父母还可以让孩子与同龄的小朋友比较，让孩子正确认识自己与其他小朋友的差别，正确认识自己的长处和短处等。

②引导孩子认识他人心目中的"我"。

孩子最初都是通过他人的评价来认识自己的，因此他人的评价对于孩子来说，具有很强的暗示作用。父母可以把自己看到的、听到的别人对自己孩子的评价和印象，在不伤害孩子自尊心的前提下，巧妙地告诉孩子，让孩子知道他人对自己的看法。当然，父母也可以发挥自己的权威，给予孩子正确而积极的评价，让孩子正确地认识自己。

③教孩子正确定位自己的优点和缺点。

每一个孩子都有自己的优点和缺点，如果只看到自己的缺点，而看不到自己的优点，就会让孩子形成自卑、怯懦，缺乏自我的个性；如果孩子只看到优点，而看不到自己的不足，那么孩子就会变得自大、狂妄、目中无人。同时，也要清楚自我的强项和弱项，特别是在学习方面，长于文科还是理科，弱点是粗心还是没有耐心等等。我俩孩子从小学开始，就显得数学学得轻松，数学成绩也显得好，比较而言语文就显得差些。清楚了强、弱之项，针对性地从加强弱项入手，真正地重视起语文的学习了。小学高年级开始到初中，再到高中，俩孩子都越来越显示出了语文的强势。小二初中时语文成绩在班、校都处于领先位置。菲菲高二参加高考，语文竟考了137分的高分（满分150分）。所以，认识到缺点和弱项并不是错误，没有什么见不得人，优点忽视了，会变成差点；弱点重视了，并付诸行动，会成为强项。优点和强项也不是最佳，每个人都这样，尺有所短、寸有所长讲的正是这个道理。因此，父母有必要教孩子正确地定位自己的优点和缺点。只有这样，孩子才能客观准确地认识自己，坚持优点和强项，修正缺点和弱项，才能扬长避短，更好地发挥出自己的才能。

④修正孩子对自己的负面评价。

父母平时还可以多与孩子谈谈心，给孩子表达自己内心的机会，鼓励孩子多谈一谈自己的想法、感受和梦想。如果孩子对自己的评价过低，父母就应该及时进行引导，修正孩子对自己的负面评价。比如，孩子形容自己是一个动作慢吞吞的人，父母就可以引导孩子：你是一个做事情不急不躁的人，不过在时间紧急的时候，你也能够加快自己的速度赶上去的。父母这样评价孩子，不仅认同了孩子的优点，还对孩子提出了一些期望。

⑤告诉孩子"山外有山，人外有人"。

父母在培养孩子情商的过程，不仅要让孩子认识自我，还应该让孩子认识他人，认识集体和周围的世界，要让孩子学会在群体中活动，并且看到其他小朋友身上的优点。父母应该告诉孩子，这个世界除了"我"，还有其他人，正所谓"山外有山，人外有人"。让孩子明白这个道理，跳出自我的局限，对于孩子日后进入社会将起到十分积极的作用。"知人者智，自知者明。"一个能够认识自己的孩子，通常具有较高的情商，也只有这样的孩子才能成为自己命运的主宰！

真正认识了自己，给自己有了准确的定位，那孩子在遇事和解决问题过程中能否做好，或做到什么程度，就会心中有数，就会自信，不仅提升了孩子处事的能力，也提升了孩子行为的自信力。

6. 教会孩子交朋友。

孩子有怎样的朋友是父母比较关心的话题，因为近朱者赤，近墨者黑。小二在选择交朋友方面，还是善于与学习好的同学交友，初中时校前十名同学多数是好朋友，常来常往，相互学习，相互促进，共同进步。高中时与高一、高二时理科第一名的那个同学是至交朋友，该同学上了北大，小二上了人大，在大学俩人一直保持联系，周末还常有小聚。一个好的朋友不仅是孩子的玩伴，还是孩子的价值观培养的重要渠道之一，要让孩子清晰地认识：朋友既是相互帮助、相互扶持的伙伴，也是相互竞争、相互促进的对手。这样孩子就能够准确定位与朋友的关系。

如何培养孩子正确交朋友：

①创造良好环境。家长一定要为孩子创造非常好的交友环境，比如经常带领孩子外出，让孩子有更多的时间接触外界，还可以邀请小孩子到自己家来，让孩子之间能够共同玩耍，培养互相信任和帮助的习惯。

②家长做好榜样。作为家长，一定要结交靠谱的朋友，让自己给

孩子做榜样，通过自己的示范作用，来影响孩子，父母的朋友什么样，孩子可能也会效仿去做，并且产生长期影响。

③培养孩子善良。我们应该注意培养孩子善良的品质，教会孩子努力成为别人喜欢的人，让孩子做一个善良热情的人，学会搞好团结，并且能够乐于助人，富有同情心，这样才能交到更好的朋友。

④学会与人分享。我们应该让孩子学会与人分享的品质，因为，当孩子有自己的想法时，就应该培养孩子不要自私，学会与人分享自己的物品，包括玩具和书籍等。多站在别人的立场思考问题。

⑤尊重孩子选择。家长不要干预太多，因为孩子的选择是出于内心的，所以，对于孩子自己选择的朋友，虽然可能不会让家长完全满意，但是，家长也尽量支持，给孩子自主选择朋友的权利。

⑥学习他人长处。我们应该教孩子学会谦虚的品质，比如要多学习别人的优点，弥补自己的不足，不要总是挑剔他人缺点，甚至嘲笑别人，如果那样的话，是很难找到真正的朋友的。

⑦学会交往技能。我们应该让孩子学会交往的技能，与别人交朋友，应该多注意交往的技巧，比如平时多与人为善，从寒暄做起，学会赞美别人，遇到问题尽量委婉表达，增进对方的好感。

7. 正确处理孩子成长的几个关键时期。

著名作家柳青说过："人生的道路虽然漫长，但紧要处常常只有几步，特别是当人年轻的时候。"

所以，作为父母一定要帮助孩子顺利度过这紧要的几步。根据不同年龄阶段的孩子成长发育情况，大概可分为 4 个阶段，针对 4 个阶段需要区分对待，帮孩子摆脱成长的烦恼。

第一阶段是幼儿时期。主要指 3~6 岁年龄段。儿童处于身心发展和性格形成的关键时期。这一阶段家庭教育的主要任务是坚持保育和教育并重的理念，促进幼儿身体健康发展，培养稳定的情绪情感、良好的个性品质和行为习惯；形成初步的自我保护意识，激发幼儿求知欲，做好幼小教育衔接准备。

针对这个年龄段的孩子，家长要充分沟通协调，保持教育理念、方法、态度的一致性，建立可行的家规，共同遵守执行。尤其是父亲要深刻认识自身对儿童成长的独特影响力，履行亲子责任。

要重视对孩子的全面启蒙，家长要依据幼儿的兴趣和年龄特点，以及出现的某种能力发展倾向，在尊重孩子意愿的基础上，综合考虑、理性选择兴趣。俩孩子在幼儿园，兴趣大同小异，女儿菲菲长于简笔画、挑花绳等，小二善于堆积木、转魔方等。都是动手动脑类兴趣，也是孩子启蒙阶段的主要内容。切不可过度强调特长培养，忽视了对孩子的全面启蒙。

家长要多陪伴幼儿，创造幼儿与同伴交往和游戏的机会，寓教于乐。正确引导幼儿使用电视、手机、平板电脑等，严格控制时间和选择内容。不可让幼儿过早过多接触电子产品。

第二阶段是儿童时期。主要指 6~12 岁年龄段。这个阶段的儿童身高、体重平稳增长，大脑和神经系统发育均衡，从具体形象思维向抽象逻辑思维发展，情绪情感外显。这一阶段家庭教育的主要任务是增强体质，培养孩子良好的生活、学习习惯，加强品德教育，开始青春期教育，普及法律常识。

家长要遵循儿童身心发展规律，保障儿童的玩耍时间和活动量，督促儿童参加体育锻炼；注重培养儿童的学习习惯和兴趣爱好，合理安排学习任务，劳逸结合，给予儿童成长的时间和空间。要坚决避免家长过度关注学业成绩，揠苗助长。有句话说小学时期主要是养习惯，我觉得也很有道理。

　　家长要树立责任意识，扮演好自己的角色，多陪伴儿童，关注儿童的生活和学习状况，用巧妙引导代替训斥打骂。主动和老师沟通协商，促进家校共育。避免把孩子交给学校后则不闻不问，从不与老师进行沟通交流，缺乏家校合作意识。

　　家长要正确对待儿童的拖延行为。小二小学开始写日记时，拖延明显，有时熬到晚 11 点都写不完，我只好开始陪写。陪了几个月，他掌握了写日记的方法和技巧，并能按时按要求完成写日记。当孩子遇到学习困难时，家长要主动站出来，陪孩子共同渡过难关也是必要的。还要做到与孩子共同制定学习和生活计划，合理安排学习任务，帮助孩子掌握必要的学习技能。严以律己、以身作则，引导儿童树立正确的时间观念，帮助儿童学会自我管理时间。解决孩子做事效率低的问题。

　　第三个阶段青春期。主要指 12~15 岁年龄段。是孩子生长发育的第二个高峰期、心理发展的矛盾期、社会发展的过渡期，人生观、价值观和世界观没有真正形成。此阶段家庭教育的主要任务是解决孩子青春期的困扰，引导孩子正确处理人际关系，了解必要的道德规范与法律常识，培养守法意识和公民意识。

　　青春期孩子有叛逆阶段，菲菲在这个阶段曾挥笔疾书写了一封声讨妈妈的信；小二在这个阶段干脆要求妈妈把饭端到餐桌自己的就餐位置。这都是非常头痛，非常棘手的问题。所以，有人讲这个阶段的孩子到了混蛋年龄，表现在脾气暴躁、易怒、易变、敏感、情绪不稳定，还有厌学、沉迷网络、易沾染不良恶习，与家长关系紧张等等。有时家长一筹莫展，无计可施，只能沉默面对。

　　父母一定要记住：叛逆行为是孩子成长过程中的必经阶段。只有通过父母的帮助，孩子才能顺利度过叛逆期。

家长可以试试以下的方法：

①理解孩子的感受，不再把自己放在孩子的对立面，学着站在孩子的立场用心去体会他的感受，不妨多宽容他们一些。

②找出抗拒的心理原因。理解不等于不立规矩，不过在给孩子立规矩的时候，对于那些他始终很抗拒的规定，我不再不由分说地"强制执行"，而是找出孩子产生抗拒心理的原因，再想办法解决。

③给情绪找个宣泄口。教育专家认为，很多时候，孩子有意做出一些大人不允许的事情，是为了宣泄不良情绪或不安感。

④找孩子的良好表现。表扬能间接地让孩子明白是非，所以我更留心孩子的一些良好表现，及时地提出表扬。

⑤给孩子一定的自主权。既然处于逆反期，对于有些事不再做硬性规定，而是有条件地让孩子享受"民主"权利。

⑥不处处约束。孩子就是孩子，不能用成人的标准来处处约束他，对他的行为最好"有所管有所不管"。

⑦做好孩子的榜样。父母的行为会直接影响孩子的思想和行为，因此，父母要控制自己的行为，不要让抵触情绪控制自己，特别是在孩子面前。除此之外，如果孩子确实毫无原因地产生抵抗行为，也要全力控制自己过激行为，稳妥处理为佳。这样做对孩子、对你自己都是很好的选择。

第四个阶段趋于成熟期。15~18岁年龄段。孩子的身心和社会性发展趋于成熟，人生观、价值观和世界观初步形成，其核心是对人生价值的思考。认知结构逐渐完整，情绪情感以内隐、自制为主。这个阶段家庭教育的主要任务是帮助孩子适应高中生活，正确应对学业压力；指导孩子合理规划人生，养成责任担当意识和独立自主能力；强化法治意识，增强法治观念。

　　家长要以身作则，引导孩子了解负面网络文化的危害，与孩子协商上网规则并相互监督，增强孩子自我防范意识和自我保护能力。帮助孩子树立正确是非观，观察孩子异常表现，及时干预。

　　全面消减负面网络文化影响，不良社会群体干扰。（盲目模仿抽烟、酗酒、盗窃、打架斗殴、吸毒等不良行为。）

　　孩子生长发育的特征、潜力、趋向、限度等受到父母遗传因素、营养补充状况、孩子患病是否及时就医等情况的影响，作为父母却往往忽略了孩子成长相关的一些基本常识，想要孩子健康成长，必须时刻留意孩子身体、情绪的细微变化。

　　说是启示，更是我学习、经历、体验的感受，心得和体会。

　　孩子健康、安全、快乐地成长，才是家庭、学校、社会共同的希冀。

附录（五）：

俩孩走着同一条路

·

书写至现在，已到尾声。无意间，回想着写书过程的点点滴滴，也回想着俩孩子成长经历的喜乐酸楚。不经意间，一个新的发现浮现于脑海——俩孩走过了同一条路！

虽然前后时隔漫漫 9 年之长，却有着惊人的巧合，俩孩走着同样的学习、成长之路。从幼儿园一步一步一直走到攻读硕士研究生，在这一条路上，姐弟俩各自分别走了 18 年（从入幼儿园到本科毕业共18 年），留下一串串脚印。

（1）幼儿园，都喜欢玩动手玩具。女儿爱玩挑花绳，儿子喜欢搭积木，动手兴趣都很高。

（2）小学二年级前，都喜欢听故事，几乎是每晚必听；都对数学感兴趣，学得轻松，成绩很好，每次考试几乎满分或满分。当掌握了汉语拼音，有了一定的识字量，都是从二年级第二学期开始自己读儿童读物，逐渐产生了读书兴趣。养成了读书习惯，无特殊情况，每天都会读数 10 页书。进入四年级，语文由弱转向强，都是作文显得比较突出，县、校征文赛常有奖项获得。小学毕业语数成绩均衡，都无好差之分。

（3）进入初二，都有叛逆期明显的叛逆行为和言语，但都没有影响自己的学习成绩，语、数、外三门主课均处于班、校领先位置。初中县级征文赛均有一等奖项获得，都曾被评为校、县"三好学生"

或"优秀学生"，都加入了共青团。

（4）高中都学理科，都积极参加国家、省开展的多项学科能力展示和竞赛，都有奖项获得。数学、物理较其他学科显得尤为突出，均获有一二等奖的成绩。都曾被评为校、市或省"优秀""三好"学生或学生干部。

（5）大学都积极、热情参加社团活动，都积极要求进步，加入了党的组织，都选修经济学第二学位，本科毕业均为双学位。都推荐免试录取为北大硕士研究生。都学人文学科类，女儿经济专业，儿子金融专业。都在本科时就明确表明：读硕不读博。女儿硕士毕业即就业；儿子正在读硕，已定不再读博。

（6）俩孩从小学开始，到初中、高中、大学本科每个学习阶段，

马菲菲（右三）大学时参加活动照

马笑天（小二，前执旗手）大学时参加活动照

都曾有担任班干部的经历，女儿担任班学习委员，儿子担任班长。

（7）俩孩子从小学到初中、高中、大学，随学习阶段升高，学习成绩逐级增高。女儿：进初中成绩排校15名（按入校时小考分数排），初中毕业全县第2名；升高中班排17名（按中考分数排），高中毕业高考分数（裸分）校理科第1名；上大学本科成绩综评本专业前3名。儿子：进初中成绩排校100名左右（小考分数排），初中毕业中考全县前10名；升高中校排170名（中考分数排），高中毕业高考分数（裸分）班级第1名，校理科前5名；上大学本科成绩综评本专业第2名。小学—初中—高中—大学四个学习阶段，每个阶段俩孩子学习成绩都好于前一个阶段。也就是：学习成绩大学好于高中，高中好于初中，初中好于小学。

（8）俩孩子都从学理科逐步走向学人文学科。高中都学理科，到读硕士研究生都发展为学人文学科类。女儿学经济，儿子学金融。

只是，我的儿子，在攻读硕士研究生和读本科期间，被学校选送到英国牛津、美国斯坦福大学公费交流学习，较好地完成了国外学习任务。我女儿没有出国学习经历。

忖量、思考、启示；感受、心得、体会。

俩孩子从幼儿园到入小学，继之，读初中、进高中、上大学。每个学习阶段，共性显得明显，爱好、兴趣、进步、追求大有相同之处。从始点的幼儿园，到攻读同一高度的硕士研究生，这整个过程，像是在数字操控下，按着程序，一个环节一个环节输出了同一品牌（北大），同一款式（硕士），同一模型（人文类学科）的两个产品。只是时间前后整整跨越了九年。

是一种什么力量把俩孩子驱动到了同一条道路上，不偏不倚，一直走到学业的同一个端点呢？

其中的奥妙，真无法阐释。

标准正确的答案，对我永远是个谜。

俩孩子的学习成长，我们作为第一任老师，为之学习过、摸索过、思考过，也质疑过、迷惑过。种种言说、种种行为，影响、引导、教育，如影随形，陪伴着孩子一起成长。上了大学、读了研究生，对孩子几乎不谈什么教育啦，只是遇到事情，相互做个交流沟通。但是，作为父母，始终没有放弃对孩子学习成长的关注，还有回忆和思考；永远放不下的是对孩子的关爱和操不完的心，还有牵挂和惦念。

俩孩子一路走来，从同一始点出发，如出一辙，走到学业的同一个端点。静下心来，思来想去，何以影响着他们呢？粗略觉得有以下几点：

1. 与生俱来的因素。

这是先天性的，包括智力、体质、遗传等，是渗在骨髓里最原始的东西，是父母给予的，为人发展提供了可能性。在这不谈其他，只谈智力。智力，通常指记忆力、观察力、思维力、注意力、想象力、创造力等。美国大发明家爱迪生称之为"天才""灵感"，他曾说过"天才是百分之一的灵感加百分之九十九的汗水，但那百分之一的灵感最重要，甚至比百分之九十九的汗水都重要。"老师和家长为了强调勤奋对成功的重要性，往往不提及后面那一句。好好学习，汗水最重要。

2. 家庭因素。

包括父母的学识素养、情感关系、生活习惯、教育理念等，在家中父母的言传身教、道德修养、性格行为、言谈举止、兴趣爱好等都会不同程度地复制到孩子身上，是影响孩子学习、发展、成长的不可或缺的因素。

3. 学校因素。

学校教育是孩子成长的重要一环，要考虑的是学校和教师两种因素。学校的校规、校纪、校风，老师的学识、品质、修养，还有传道、解惑、授业的技能。好学校走出来的多数是好学生，好老师阐释着"名师出高徒"的道理。小学、初中两个阶段，应该是成长的重要阶段，小学重在养成教育，初中重在夯实基础，在知识结构的适应和思维方式的转变上，要从学习方法、获得技巧上寻求出路，在积累知识上夯实基础。小学、初中两阶段走好了，良好的习惯，适用的基础，对高中、大学的学习成长都将不同程度地起着间接或直接作用。

4. 目标引导因素。

美国心理学家皇德瓦曾以跳高为例说明制定目标对人成功的重要性。实验表明，跳高时有横杆要比没有横干跳得还要高，为什么呢？因为，横杆给跳高选手提供了清晰的目标。对每个人而言，目标就是希望。美国哲学家爱默生说："一心向着自己的目标前进的人，整个世界都会给他让路。"目标能够调动孩子的积极性，能够挖掘孩子的潜能，也能够为孩子创造更多的快乐。有了目标，孩子就知道往哪里走，去追求些什么。孩子如果专注于一个目标，坚持下去就会取得成功。

当然，还有兴趣培养、路途选择、行动措施、社会环境等等。诸多因素，需要学习和探索。

以上所述，远不够全面、成熟和完整，仅是探讨。

孩子健康快乐地成长，走出一条好的适合自我发展之路，是天下父母的共同心愿。

后　记

过了 2019 年元旦，我开始对孩子成长的故事进行回忆、梳理，对此书也开始了构思谋篇，注意了参阅对孩子成长教育相关知识和理论的学习。这年春节过后，开始着笔，于 6 月 6 日高考前一天，完成了初稿。在写作过程中，力求故事的真实性还原；力求理论的正确性引导。写真事、写真情、写真话，真诚是书的灵魂。

在成书过程中，我的同学《德育报》社总编辑、社长张国宏，我的棋友县文联《沁河浪花》主编罗琦，我的同行原交县教师进修学校原副校长常保国，我的好友中学语文高级教师、县职业中学副校长苗志青等，对书的构思创意、谋篇布局、文辞运用都提出了很好的修改意见，向各位表示诚挚的谢意！

还有张建灵、杨家胜、焦江峰、张迎花、张彦彦、李心洁等同事朋友，帮助做了通阅全书、顺畅语句、文字打印、书稿校正、像片修整等大量细致具体的事情，倾注了辛劳和热情，由衷地感谢他们！

在申报选题、编辑设计出版过程中，山西经济出版社的李春梅、梁灵均和山西教育出版社的闫果红三位老师都费了心劳，做了诸多认真的工作。是他们的关心、重视和支持，才使得这本书顺利出版。向各位老师致以深深的敬意！

编印此书整个过程中，虽然尽力做到正确无误，但由于本人水平有限，失误不当之处在所难免，诚请见仁见智，提出意见，不吝指正。特致谢意，不胜感激。